O ESTADO COMO INTEGRAÇÃO

O ESTADO COMO INTEGRAÇÃO
Um confronto de princípio

Hans Kelsen
Professor da Universidade de Viena

Tradução
PLÍNIO FERNANDES TOLEDO

*Esta obra foi publicada originalmente em alemão com o título
DER STAAT ALS INTEGRATION por Verlag von Julius Springer.
Copyright © Hans Kelsen Institut, Viena.
Copyright © 2003, Livraria Martins Fontes Editora Ltda.,
São Paulo, para a presente edição.*

1ª edição *2003*
2ª edição *2022*

Tradução
PLÍNIO FERNANDES TOLEDO

Acompanhamento editorial
Luzia Aparecida dos Santos
Revisões
*Alessandra Miranda de Sá
Solange Martins
Dinarte Zorzanelli da Silva*
Produção gráfica
Geraldo Alves
Paginação
Studio 3 Desenvolvimento Editorial
Capa
Katia Harumi Terasaka Aniya

Dados Internacionais de Catalogação na Publicação (CIP)
(Câmara Brasileira do Livro, SP, Brasil)

Kelsen, Hans, 1881-1973.
   O Estado como integração : um confronto de princípio / Hans Kelsen ; tradução Plínio Fernandes Toledo. – 2. ed. – São Paulo : Editora WMF Martins Fontes, 2022. – (Biblioteca jurídica WMF)

   Título original: Der Staat als Integration
   Bibliografia.
   ISBN 978-85-469-0395-5

   1. Direito – Filosofia 2. Direito internacional – Filosofia 3. O Estado I. Título. II. Série.

22-117859   CDU-340.12

Índices para catálogo sistemático:
1. Direito : Filosofia   340.12

Cibele Maria Dias - Bibliotecária - CRB-8/9427

Todos os direitos desta edição reservados à
Editora WMF Martins Fontes Ltda.
*Rua Prof. Laerte Ramos de Carvalho, 133 01325-030 São Paulo SP Brasil
Tel. (11) 3293-8150 e-mail: info@wmfmartinsfontes.com.br
http://www.wmfmartinsfontes.com.br*

Índice

Prefácio 1

I. Fundamentos metodológicos 5
II. Resultados teóricos 31
    1. O Estado como super-homem (*Übermensch*) 31
    2. O Estado como "círculo fechado" 45
    3. O Estado como integração 60
        a) O conceito de integração 60
        b) Os tipos de integração 64
    4. Estado e direito 80
    5. Legislação, governo, ditadura 93
    6. As formas de Estado 104
    7. A Constituição de Weimar 114

Prefácio

Na teoria alemã do Estado surgiu um tópico ao redor do qual reuniu-se um grupo de autores como em torno de um bandeira, proclamando com grande alarde o fim de uma antiga ciência do Estado e o início de uma nova. A palavra que utilizam, como uma fórmula mágica, para responder a todas as questões da Teoria do Estado é integração, e um renomado estudioso, prof. Rudolf Smend, é o porta-estandarte da nova escola. Na sua obra *Constituição e Direito Constitucional* (Duncker & Humbolt, 1928), publicada há mais de um ano, ele apresentou a nova teoria ainda não como sistema mas como programa de uma "teoria da integração", a ser desenvolvida. Essa teoria pretende resolver o problema do Estado, e todas as questões relativas a ele, pelo reconhecimento do Estado como um processo especificamente social designado como "integração". E, apesar de o autor do referido escrito, que pode ser considerado a obra capital dessa teoria, salientar com insistência não ter elaborado nada de definitivo, mas apenas "esboços", "rascunhos", um "primeiro projeto provisório" e, principalmente, não desejar apresentar um sistema – mantendo, dessa maneira, a possibilidade de uma retirada estratégica –, é possível fazer ao menos uma idéia daquilo que a nova doutrina, com a sua descoberta da "integração", realmente deseja; mas sobretudo daquilo que está por trás desse tópico, tão bem escondido que talvez nem seja percebido por quem acredita na mágica da palavra. Só por essas razões já valeria a pena examinar cuidadosamente a teoria da integração de Smend.

Um autor da categoria de Smend tem o direito de ser avaliado de acordo com as suas próprias medidas. Por isso, a crítica aqui apresentada pretende ser imanente. A partir do ponto de vista escolhido pelo próprio Smend para o seu empreendimento, pretendemos examinar se ele atingiu os objetivos que se propôs, e se esses objetivos podem ser alcançados com os meios específicos da teoria da integração; isso significa verificar se os conceitos, uma vez introduzidos, podem ser mantidos ao longo do processo e, assim, formar uma base suficientemente sólida para fundamentar os seus resultados e, principalmente, verificar se o método específico de conhecimento aplicado ao resultado que se pretendia alcançar, no caso presente, realmente cumpriu o que prometeu e, sobretudo, se poderia atrever-se a cumpri-lo.

O fato de a minha análise da teoria do Estado de Smend, ou melhor, desse programa de uma teoria do Estado, ter alcançado uma dimensão tão grande em relação ao trabalho criticado, não se justifica apenas pela forte reação que a teoria da integração alcançou no círculo dos especialistas. O que obriga o crítico a uma análise mais pormenorizada do que o normal é, sobretudo, a peculiaridade da exposição de Smend: uma total falta de uniformidade sistemática, uma certa insegurança da concepção, que se desvia das posições claras e unívocas e permanece em insinuações vagas sobrecarregando qualquer posição inteligível com prudentes limitações; daí um estilo de linguagem obscuro, difícil, inçado de palavras estrangeiras. É com dificuldade que, desse casulo, se consegue arrancar o pensamento a ser analisado. Além disso, as colocações de Smend baseiam-se, em grande parte, em teorias estrangeiras e por isso, para serem totalmente compreendidas e corretamente avaliadas, devem ser seguidas até as suas fontes e aí diretamente analisadas. E finalmente: como Smend desenvolve a sua teoria, ou pelo menos as suas bases, em contraste polêmico com a minha, sinto-me obrigado a defendê-la de seus ataques. Aproveito a oportunidade para esclarecer um ou outro ponto do meu sistema, a fim de protegê-lo contra mal-entendidos futuros. E, assim, este trabalho vai além dos limites da crítica de um livro, rumo a um confronto de princípios entre a teoria normativa do Estado e a teoria da integração[1].

---

1. Da literatura sobre a Teoria da Integração de Smend destaco: *Thoma* in: Die Grundrechte und Grundphflichten der Reichsverfassung, ed. Nipperdey, vol. I, 1929, pp. 9 ss. *Tatarin-Tarnheeyden* in : Zeitschr. f.d. ges. Staatswissensch., vol. 85, pp. 1 ss. *Rotehenbücher* in: Verwalt. Bl. vol. 49, pp. 554 ss. *Waldecker* in: Archiv f. Rechts-und Wirtsch-und Wirtsch. Philos, vol. 22, pp. 140 ss. *Stier-Somlo* in: Art. "Verfassung" no Handwörterb. D. Rechtswiss. *Koellreutter*: Integrationslehre und Reichsreform, Recht und Staat, N° 65, 1929, pp. 3 ss. S. *Rohatyn* in: Zeitschr. F. öffentl. Recht, vol. 9, pp. 261 ss.

Capítulo I
Fundamentos metodológicos

O trabalho de Smend é, em grande parte, apenas uma crítica da assim chamada teoria dominante, isto é, a teoria do Estado do século XIX, classicamente resumida na obra *Teoria geral do Estado* de Georg Jellinek. Mas Smend nega também a teoria normativa do Estado da Escola de Viena, que, por sua vez, surgiu de uma crítica àquela teoria dominante. A teoria da integração deve ser entendida, portanto, como um antídoto à Escola de Viena. O que, certamente, não impede Smend de apossar-se do trabalho crítico do sistema científico por ele tratado de forma pouco amistosa. Isso deve ser colocado de início com toda clareza, para redimensionar um método muito apreciado na ciência do direito do Estado alemã, que consiste em demolir a teoria pura do direito da Escola de Viena mencionando-a somente quando se acredita poder polemizar contra ela; com o que se criam então oportunidades de atribuir-lhe quaisquer afirmações. Quando isso é feito por autores mais jovens, em busca exclusivamente de uma carreira, pode-se ignorá-lo com um sorriso resultante de uma compreensão adquirida após duas décadas de experiência acadêmica duramente conquistada. Ao contrário, deve-se ficar estupefato quando um estudioso do porte de Smend define um trabalho teórico do qual extrai toda a sua bagagem crítica, com um "beco sem saída, sem finalidade nem objetivo" (p. 4), sufocando, assim, a consciência de que uma crítica, como a da Escola de Viena, não é possível sem um padrão crítico positivo, de modo que a mesma não pode ser considerada correta sem que o sejam, ao menos em seus princípios, as premissas das quais parte. Um estudioso que elogia exageradamente os autores mais insignificantes quando lhe expressam opiniões favoráveis, deveria ser mais atento ao confrontar-se com uma orientação ideologicamente contrária à sua; ainda mais quando é tão fácil dizer até que ponto ele se perdeu no – por ele desacreditado – beco sem saída.

E Smend coloca no topo da sua teoria do Estado – se é que seus aforismos podem ser assim definidos – a exigência de uma "reflexão gnosiológico-metodológica" (p. VII, 4)! Realmente, antes da Escola de Viena a exigência de uma reflexão gnosiológico-metodológica era pouco sentida na teoria do Estado. Só depois da ciência ter atravessado esse beco sem saída começa-se a reconhecer a importância do problema da reflexão gnosiológico-metodológica. A Escola de Viena pode assim considerar como um sucesso, coisa que o próprio Smend admite, o fato de ele ressaltar a necessidade dessa reflexão gnosiológico-metodológica. No que a teoria normativa do Estado da Escola de Viena – baseada na própria crítica do conhecimento da teoria do Estado e do direito – abalou o sistema da teoria predominante, foi a prova de que, nesta, o conceito de Estado nada mais é do que a substancialização de uma relação unitária metodologicamente inadmissível, isto é, uma hipóstase, e que não existe nem pode existir um objeto coletivo, diferente dos sujeitos humanos singulares – existente fora e acima desses como uma substância espiritual e corpórea, onicompreensiva – um portador de um "poder" (qualquer), como é definido o Estado[2]. Exatamente essa é a posição capital que Smend assume como teoria dominante. O que ele afirma contra a acepção de um "eu coletivo autofundante" (p. 6), contra a "fatal substancialização do mundo espiritual" (p. 8), contra a "inaceitável" representação de "portadores substancializados" de forças sociológicas (p. 19), contra o "pseudoconceito do portador

---

2. Cf. o meu *Allgemeine Staatslehre*, 1925, pp. 10, 11 ss., 96, e o ensaio: "Der soziologische und der juristische Staatsbegriff", 1.ª ed., 1922, pp. 205 ss.

do poder do Estado" (p. 96), contra a inclinação do pensamento ingênuo à "espacialização mecanicista" (pp. 6, 8), contra "os descaminhos do pensamento estático-espacial" (p. 9), contra o "elevar-se substancializante" da totalidade, "acima do seu papel como estrutura unitária" (p. 11), ... tudo isso também poderia ser dito por um partidário da teoria pura do direito. E uma vez que Smend não se cansa de salientar que o Estado não é uma "pessoa superindividual" mas apenas uma "estrutura unitária" (p. 13), uma "unidade espiritual" (p. 16), ele deveria conter um pouco o seu entusiasmo exagerado – se se comportasse como representante e não como adversário da Escola de Viena –, precisando que tudo isso já é claro para nós há muito tempo. Se existe um resultado que deve ser considerado particularmente característico da teoria pura do direito, este é a separação – operada da forma mais enérgica a partir do meu *Hauptprobleme der Staatsrechtlehre* – do conhecimento teórico do Estado do âmbito da observação própria das ciências naturais, orientada segundo o modelo da lei causal. Fico satisfeito de encontrar Smend também neste caminho, ao ler que ele nega ao método "causal-científico" a possibilidade da "compreensão profunda da realidade espiritual da vida da qual se trata quando se põe em relevo o Estado" (pp. 44, 9, 72). Esse caminho, percorrido bem antes de Smend pela teoria pura do direito, não parece levar a um "beco sem saída, sem finalidade e sem objetivo", já que o próprio Smend é obrigado a percorrê-lo para conseguir, junto com a teoria pura do direito, refutar, enquanto privada de qualquer perspectiva, a hipótese de uma teoria biológica do Estado, assim como – assumindo uma posição mais avançada da teoria pura do direito – a de uma teoria desenvolvida em sentido psicológico (pp. 7, 15). É evidente que ele, procedendo dessa maneira, fundado igualmente no ponto de vista metodológico, situa-se no mesmo terreno da teoria pura do direito, contra as incompreensões da assim chamada teoria orgânica do Estado (p. 13). O que mais chama atenção, porém, é que Smend, à semelhança da teoria pura do direito, refuta não apenas a causalidade mas também a teleologia como método de conhecimento aplicado ao Estado (p. 9). Justamente na rejeição do método teleológico a teoria pura do direito baseou sua contraposição à teoria social de Stammler[3], para poder cumprir totalmente as exigências da pureza metodológica. Assim, ela travou a luta contra o "sincretismo metodológico acrítico". Esse termo já se tornou, por assim dizer, uma marca da teoria pura do direito, contra a qual não se pode, em princípio, fazer oposição se não – como, de fato, faz uma corrente próxima à Smend[4] – propondo o direito do sincretismo metodológico. Como é espantoso, na medida em que "se é de Viena" – eis a perífrase irônica usada por Smend para aludir à teoria pura do direito (p. 5) –, ter de saudá-lo como aliado também na luta contra o "sincretismo metodológico acrítico" (p. 71). Mas talvez a teoria pura do direito não tenha desejado mostrar as verdadeiras fontes dos erros do sincretismo metodológico acrítico, de modo que Smend deve esforçar-se agora para resolver esse problema. Contudo, como é decepcionante, na medida em que não se é de Berlim, ter de ouvir, desse observatório que contempla Viena do alto, praticamente a mesma coisa que se ouviu anteriormente de Viena; uma vez que Smend encontra as principais fontes de erro do sincretismo acrítico na "substancialização e isolamento dos corpos individuais ou sociais, no pensamento mecanicista e em imagens espaciais ilusórias, na confusão de técnica conceitual jurídico-formal com ontologia ingênua" (p. 71). Tudo isto já podia ser lido no meu *Hauptprobleme der Staatsrechtslehre* (p. 71) em termos não muito diferentes.

Todavia, Smend não apenas seguiu a Escola de Viena no seu beco sem saída da crítica à teoria dominante, mas também ficou, em grande parte, preso nele com o seu programa positivo. Se a teoria normativa do Estado da teoria

---

3. Cf. o meu *Hauptprobleme der Staatsrechtslehre*, 1.ª ed., 1911, pp. 57 ss.
4. Cf. TRIEPEL, Staatsrecht und Politik, 1927, pp. 17 ss. e, *contra*, o meu ensaio: "Vom Wesen und Wert der Demokratie", 2.ª ed., pp. 108 ss.

pura do direito reconhece como inadequada a relação de causa e efeito e a de meio e fim para determinar a natureza do Estado ou dos atos do Estado nas suas relações, ela une essa negação da causalidade e da teleologia ao postulado positivo de indicar a "normatividade específica" da esfera na qual existem o Estado e o direito. Na individuação desta normatividade específica, do social de modo geral e do Estado ou do direito em particular, a Escola de Viena reconhece uma das suas principais realizações[5], uma vez que todos os seus resultados parciais só são alcançados como conseqüência lógica, deduzida da normatividade específica da área do Estado e do direito. Atribuir um significado especial à circunstância de que Smend levanta a mesma exigência, com as mesmas palavras, que não fora levantada antes dos trabalhos da Escola de Viena, poderia parecer mero formalismo, principalmente depois do exame da "normatividade específica" do objeto de conhecimento da teoria do Estado (p. 10). Mas é decisivo que Smend determine a natureza dessa "normatividade específica" em perfeito acordo com a Escola de Viena, e que se distancie neste ponto, precisamente, das opiniões do autor sobre cujas palavras jura sem fazer crítica: Theodor Litt, o qual escolheu como mestre porque acredita encontrar nele um apoio filosófico na luta contra a teoria normativa do Estado da Escola de Viena.

A Escola de Viena tende a deixar coincidir a contraposição entre natureza e espírito, posta como fundamento do conhecimento do Estado e do direito, com o contraste entre realidade e valor, entre lei causal (mecânica) e norma (lei de valor)[6]. Entretanto, como até agora ela se propunha desenvolver apenas uma teoria do Estado e do direito, mas não uma teoria geral da sociedade e menos ainda uma filosofia da cultura (do espírito), para ela bastava colocar o problema de determinar o âmbito geral, ao mesmo tempo di-

---

5. Cf., p. ex., *Der Soziologische und der Juristiscle Staatsbegriff*, p. 91; *Allgemeine Staatslehre*, pp. 14, 15, 16 e *passim*.
6. Cf. *Allgemeine Staatslehre*, pp. 15 s.

ferente da natureza, no qual se desenvolve o social e, em particular, o direito, e individuar a lei específica que governa o Estado e o direito como fenômenos sociais especiais. A primeira pergunta é respondida energicamente pela Escola de Viena, determinando como espaço existencial do social, de modo geral, e do Estado, em particular, não a natureza, mas o espírito, definindo assim a teoria do Estado como ciência do espírito[7]. A segunda responde, ao invés, reconhecendo como a lei essencial – talvez da esfera social de modo geral – mas certamente do Estado e do direito em particular, a legalidade da norma ou do valor, porque entende o Estado e o direito como sistemas de norma ou de valor[8]. Como conceito central de toda a teoria do Estado e do direito apresentei o conceito de norma jurídica ou proposição jurídica como lei jurídica, que une dois fatos como condição e conseqüência, no modo específico do dever-ser, portanto, de forma normativa[9]. De tal maneira, a norma vem contraposta à lei natural, a imputação à causalidade; e, somente enquanto a teoria pura do direito pôde demonstrar essa normatividade específica, ela conquistou o direito de separar do âmbito do conhecimento teórico do Estado a causalidade e a teleologia a ela coligadas[10].

A filosofia da cultura de Theodor Litt – exposta na sua obra *Indivíduo e sociedade*, 3.ª ed., 1926 – que pretende ser uma teoria da estrutura espiritual e, assim, um fundamento para todas as ciências do espírito, especialmente a sociologia, refuta de forma muita precisa uma identificação do espírito com o valor. Nada lhe é mais distante do que reduzir a normatividade do espírito à do valor ou da norma. Segundo Litt, as esferas do valor e da norma se encontram no âmbito do

---

7. Cf. *Der Soziologische und der juristische Staatsbegriff*, pp. 75 ss., 92. *Allgemeine Staatslehre*, p. 14.

8. Cf. além de outras numerosas passagens nos meus escritos: *Allgemeine Staatslehre*, pp. 14 ss., 16 ss.

9. Cf. *Hauptprobleme der Staatslehre*, pp. 189 ss.: *Allgemeine Staatslehre*, pp. 47 ss.

10. Cf. *Allgemeine Staatslehre*, pp. 48 ss.

FUNDAMENTOS METODOLÓGICOS

sentido, que é o âmbito do espírito, porquanto abrange, além do muito valioso ou sem valor, também o que é indiferente ao valor. Mas na teoria da estrutura de Litt o problema do valor não tem lugar (v. pp. 27-8, 216, 304). Litt procura, em especial, compreender a natureza da estrutura social com total abstração de qualquer legitimidade axiológica ou normativa. A estrutura da realidade espiritual, que tais formações sociais representam, é "quebrada" – como diz Litt – "quando, através de uma reinterpretação ontológica", são introduzidas diferenças de valor na estrutura do real (p. 304). Resta saber se seria possível, a uma concepção que ignora completamente a validade das normas ou valores, compreender as formações sociais em geral e, em particular, a mais importante de todas, o Estado. Certo é que Litt evita por princípio aplicar a sua teoria da estrutura ao Estado, renunciando totalmente utilizar-se de um exemplo tão próximo de um corpo social, como é o Estado, para demonstrar, mesmo que apenas na forma de paradigma, a aplicabilidade do seu método a esse objeto tão relevante. Sem indicar o desvio fundamental, talvez mesmo sem estar consciente disso, Smend, o aluno de Litt, retoma a identificação da esfera do espírito ou do sentido com a esfera do valor ou da norma, declarando repetidas vezes que a normatividade do espírito se explica como legalidade em relação a normas e valores (p. 25). Ele fala da "normatividade axiológica do espírito" (p. 62), da "normatividade socioaxiológica do espírito" (p. 35), afirma que a "vida espiritual", na medida em que torna verdadeiras "relações de sentido", é "portadora de uma normatividade axiológica especial" (p. 56). Para a vida espiritual – afirma Smend nesse contexto – permanece imanente a tendência para uma otimização de realizações das relações de sentido. E nessa tendência estaria "incluída a produção de uma unidade sistemática, de uma totalidade objetiva de qualquer natureza"; e essa "unidade sistemática" ou "totalidade objetiva" é, segundo Smend, um "sistema de normas coerente e universal", um "sistema social", "para cuja realização tende toda a atividade social isolada" (pp. 56-7). Como, dessa maneira, "os sistemas sociais" são sistemas de normas – ponto de vista com o qual Smend coloca-se ao lado da teoria normativa do Estado da Escola de Viena – é lógico que ele admita – embora apenas numa nota de rodapé – que o conceito central não apenas da teoria do Estado, mas de toda ciência do espírito, deve ser tomado do "universo conceitual normativo" (p. 17), expandindo assim o princípio normativo além do limite afirmado pela Escola de Viena. Mas, assim, fica completamente incompreensível que Smend – agora novamente como aluno de Litt – tome uma posição francamente contrária a uma conceitualização normativa ou normológica (pp. 14, 44) na teoria do Estado. Se sistemas sociais são sistemas de normas, se a causalidade específica do Estado, procurada por Smend, é a causalidade normativa, ressaltada em particular pela Escola de Viena, então é impossível conceber a teoria do Estado a não ser como teoria normativa, isto é, como conhecimento de um sistema de normas, e conceber os problemas da teoria do Estado senão como problemas de validade e geração de um sistema de normas. Litt pode posicionar-se contra uma teoria social normativa sem cair em contradição, já que nada sabe sobre uma legalidade normológica do espírito, mantendo sua análise estrutural do social distanciada de tudo que é normativo. Smend, ao invés – pretendendo ligar a legalidade normológica do espírito, em geral, e do Estado, em particular, com a refutação, por ele proclamada, da teoria normativa da Escola de Viena –, entre esta última e a filosofia da cultura de Litt, ficou, por assim dizer, sentado entre duas cadeiras.

Quando a Escola de Viena compreende o Estado e o direito como um sistema de normas, assim o faz porque considera um e outro como formações espirituais e por isso coloca a teoria do Estado e a do direito entre as ciências do espírito. Assim, quando Smend postula para a teoria do Estado o método da ciência do espírito (p. VII), e reivindica a "volta ao método da ciência do espírito" como "imperativo do momento para a teoria do Estado e para a teoria jurídica

FUNDAMENTOS METODOLÓGICOS

do Estado" (p. 7), ele incorre num erro lamentável, se acredita que este momento chegou só com o aparecimento da teoria da integração e que, com ela, chegou a hora da Escola de Viena. Que o Estado é uma formação espiritual e que, portanto, a teoria do Estado é uma ciência do espírito e não uma ciência da natureza, jamais foi seriamente questionado, mesmo pela teoria em vigor. Esse ponto de vista é defendido pela obra de Georg Jellinek *Teoria Geral do Estado*; do mesmo modo já o velho Bluntschli, que levou a sua teoria orgânica do Estado até uma determinação do sexo das formações sociais (segundo ele, o Estado é, sabidamente, um homem, mas a Igreja, uma mulher), considerava o Estado apenas como um "organismo moral-intelectual"[11]; e mesmo um representante de um organicismo tão extremado como Gierke, para quem o Estado era uma realidade perceptível, como outros seres vivos, salientou que a unidade das formações sociais era "uma relação espiritual" e que "aqui termina o reino da ciência natural e principia o da ciência do espírito"[12]. Quando a teoria normativa do Estado da Escola de Viena proclama como uma de suas teses principais que o Estado encontra o seu lugar não no reino da natureza, mas no reino do espírito, ela não se distingue da teoria dominante por meio de um novo princípio metodológico, mas apenas por levar adiante, de maneira coerente, o princípio reconhecido como correto, evitando assim o erro, cometido por Bluntschli e também por Jellinek e Gierke, que, por um lado, consideram o Estado como formação espiritual e, por outro, atribuem-lhe existência psicofísica, concretamente existente no espaço físico, portanto natural, abolindo contraditoriamente a distinção entre natureza e espírito, ciência da natureza e ciência do espírito, da qual partem. Precisamente aqui reside o sincretismo metodológico da famigerada teoria "dualista", cuja impossibilidade lógica e cujas razões políticas deram origem – a partir do ponto de

---

11. Cf. as citações no meu *Allgemeine Staatslehre*, p. 376.
12. Cf. as citações no meu *Allgemeine Staatslehre*, pp. 376-7.

vista tomado como correto somente pela ciência do espírito – à crítica da teoria pura do direito.

Uma vez que Smend opera também com um conceito especial de "espírito" e, assim, com um tipo especial de "ciência do espírito", que não é idêntica àquilo que eu e outros por ela entendemos[13], ele não tem o direito de afirmar, sem qualquer prova, que "eu nego qualquer possibilidade de conhecimento de uma realidade espiritual" (p. 13). A teoria normativa do Estado da teoria pura do direito, por outro lado, nada mais é do que a tentativa sistemática de compreender o Estado como realidade espiritual, mostrando sua legalidade específica bem como sua normatividade axiológica. Portanto, devo refutar aquilo que Smend me imputa como "clara rejeição de toda a reflexão das ciências do espírito" (p. 38). Aqui ele procura apresentar uma prova para as suas afirmações: que eu supostamente coloco num mesmo plano as discussões de um conselho ministerial e de um Parlamento[14]. Mas, independente de eu não afirmar isso na passagem mencionada por Smend, todavia, mesmo tal afirmação não poderia provar que eu nego a reflexão das

---

13. Cf. Julius Kraft, *Soziale Erscheinungen als Naturerscheinungen*, Kölner Vierteljahreshefte für Soziologie, VIII, 3. pp. 273 ss.

14. No local mencionado por Smend eu afirmo que no seio de uma corporação apenas consultiva como o Conselho de Estado, coordenado por um monarca absoluto, efetua-se uma discussão bastante similar àquela que se dá num parlamento autorizado a "tomar deliberações", i. e., que tanto aqui como lá são esclarecidos razões e contra-razões, argumentos e contra-argumentos, portanto, em ambos os casos tem lugar aquele processo dialético que Smend descreve como integração "dinâmica" na sua obra *Die politische Gewalt im Verfassungsstaat und das Problem der Staatsform* e que se contrapõe, como característica essencial do parlamentarismo, à integração "estática" na monarquia. A um tal "conselho de Estado" – já nem falo de um "gabinete", i. e., de um Conselho de "ministros" –, ou seja, o conselho do "Reich" austríaco, se sobrepôs o Parlamento austríaco pelo fato de ter sido transformado de um órgão consultivo em um órgão deliberativo. Com relação à real influência que um órgão apenas consultivo pode ter sobre o monarca, a diferença entre Conselho de Estado e Parlamento não deve ser muito grande do ponto de vista funcional. Isto não poderia ser ignorado por uma análise que fosse não só jurídica, mas também sociológica.

ciências do espírito. No máximo, Smend poderia objetar que o meu método das ciências do espírito não é o correto e talvez pudesse mesmo atribuir-me uma exaltação excessiva desse método das ciências do espírito! E isto ele faz, não obstante ter-me mencionado como exemplo repugnante do contrário. Algumas páginas mais adiante, ele acusa a Escola de Viena de proceder de modo "ideal sistematizante", "de trabalhar apenas o conteúdo atemporal ideal" (p. 77), o que resultaria em dizer que ela considera como objeto apenas o espírito, cuja esfera específica é, segundo Smend, o conteúdo espiritual atemporal, interpretando a teoria do Estado apenas como ciência pura do espírito. Portanto, Smend se contradiz e assim desiste de sua tentativa duvidosa de combater a teoria normativa do Estado pela virada em direção à ciência do espírito. Porque para ele a Escola de Viena está, em primeiro lugar, pouco ou nada orientada para o espírito, e, ao mesmo tempo, está orientada demais ou exclusivamente para ele.

Sou também obrigado a refutar publicamente uma segunda e mais delicada afirmação de Smend. Ele sustenta que eu ensino que "o Estado não pode ser considerado como uma parte da realidade" (p. 2). Sem dúvida, Smend vê aí a crise da teoria do Estado, a necessidade de uma reconstrução desta disciplina e a justificativa para opor à teoria normativa do Estado a sua teoria da integração. Ora, ninguém que tenha lido as minhas obras pode nutrir qualquer dúvida razoável sobre o significado que a negação da "realidade" do Estado tem naquele contexto, que não há outro significado além da constatação de que o Estado não é uma criação da natureza e sim do espírito e que ele, portanto, não tem uma existência espiritual-corpórea – como é admitido pela teoria tradicional – mas uma existência totalmente diferente e, por isso, não é uma realidade natural, nem uma parte da realidade da natureza, descrita na linguagem comum, por antonomásia, como "realidade", contrapondo-a à "existência ideal". Eu já afirmei explicitamente no meu trabalho *Der Soziologishe und der Juristische Staatsbegriff* (pp. 75 ss.): se se considera a diversidade entre a existência do Estado, do "ser" do Estado, e a existência ou o ser das coisas da natureza, "então se pode também afirmar uma 'realidade' do Estado ou do direito, mas não se deve, por isso, confundi-la com a realidade específica da natureza". Isto pode ser encontrado na página 77 do meu ensaio acima mencionado[15]. Se eu negasse ao Estado não apenas a "realidade" natural, mas também a espiritual ou ideal, deveria negar a sua existência em geral e desistir de compreendê-lo como objeto, como formação espiritual, como sistema ideal. Mas procurando definir o tipo específico de existência do Estado e o encontrando no tipo de existência do espírito, não no tipo de existência da natureza, não lhe nego toda realidade, mas simplesmente atribuo-lhe uma realidade espiritual. Nada mais que a "realidade" específica do Estado, que deve ser verificada quando se procura a "legalidade" específica do Estado, já que "legalidade" e "realidade" estão em correlação; a não ser que se pretenda admitir, apesar das diversas legalidades, uma única realidade absoluta. O fato de eu geralmente não usar a palavra "realidade" – às vezes utilizo-a também, falando de "realidade jurídica" que, para mim, é, como a realidade do Estado, uma realidade espiritual[16] – justifica-se exatamente ao se constatar que a palavra "realidade" é facilmente mal interpretada como realidade natural. Mas nisso Smend não se desvia em nada da minha concepção que é, pelo menos até agora, conseqüência de uma teoria espiritual-científica do Estado. E ele que, igual a mim, toma

---

15. Já na minha obra *Der Staats als Übermensch*, 1926, p. 11, dirigida contra o ataque de Hold-Ferneck à teoria normativa do Estado, refutei claramente o mal-entendido segundo o qual nego qualquer "realidade" ao Estado, reenviando à passagem do meu livro *Der Soziologische und der Juristische Staatsbegriff* mencionado no texto; mas parece que Smend acha desnecessário tomar conhecimento disso.

16. Já no meu trabalho *Zur Theorie der Juristischen Fiktionen* (Annalen der Philosophie, 1919, pp. 630 ss.) descrevi a existência do direito positivo como "um tipo de realidade". Cf. também: *Der Soziologische und der Juristische Staatsbegriff*, p. 215.

como fundamento metodológico o contraste entre natureza e espírito, deveria saber que quando defino o Estado como "sistema ideal" ou "estrutura espiritual" eu o compreendo como realidade cognoscível apenas através das ciências do espírito, apenas através de uma legalidade específica do espírito. E, não obstante, Smend deveria saber que a palavra "realidade", da forma como ele a utiliza na frase dirigida contra mim, significa não só realidade natural, mas também uma realidade que abarca a existência do espírito, e que eu jamais ensinei que o "Estado não pode ser considerado como parte da realidade".

Mas parece difícil, mesmo para Smend, sustentar o termo "realidade" nesse sentido mais amplo que também abrange a existência do espírito, pois, apesar de sua indignação dirigida contra a minha suposta rejeição da "realidade" do Estado – indignação que o fez assumir uma posição arrogante com a teoria da integração, para com ela demonstrar essa mesma realidade negada e, assim, destruir, como um verdadeiro São Jorge, o terrível dragão da Escola de Viena, causa da crise da teoria do Estado –, apesar da declaração segundo a qual a concepção do Estado como "uma parte da realidade" constituiria o seu principal objetivo (p. 2), ele deve admitir do ponto de vista das ciências do espírito que falta a todos os entes coletivos – como construções espirituais – "uma realidade de vida psicofísica em si", "devendo, então, concluir que "portanto o Estado também não é um ente real em si" (p. 45). Mas como nenhuma coisa existe senão "em si", o Estado não é um ente se não for um ente real "em si". E assim Smend é o último a poder desmentir a teoria normativa do Estado em função da sua alegada negação da realidade do Estado, pois ela definiu o Estado não só como estrutura espiritual mas, fundamentalmente, mostrou de forma clara resolver o problema da existência e da realidade do Estado. Dado que colocou em evidência o Estado como ordenamento, ou seja, como ordenamento normativo, como ordenamento jurídico, para ela o problema da realidade do Estado coincide com o da positividade do direito.

E, precisamente sob este ponto de vista, ela indicou o peculiar paralelismo que existe entre uma esfera espiritual ideal, ou seja, o ordenamento normativo, como substância ideal ou estrutura de sentido e um campo de fenômenos reais naturais, isto é, atos humanos, portanto psicofísicos que produzem ou são portadores de conteúdos espirituais, devendo corresponder, em certo grau, ao seu sentido. Como a esfera do espírito é para a teoria normativa do Estado e do direito uma esfera do valor, uma esfera do dever-ser, enquanto o campo dos atos humanos efetivos em sentido natural, que transcorrem no tempo e no espaço, representa um nível de ser que chamei de uma "relação de tensão"entre ser e dever-ser. E, se defini o Estado como um ordenamento ideal, não deixei dúvidas de que esse ordenamento ideal deve confirmar-se numa realidade natural do comportamento humano que lhe corresponde, isto é, como esquema de interpretação válido que confere sentido aos atos humanos, vale dizer, o significado dos atos do Estado ou atos jurídicos que não cabe no sistema da natureza determinado pelas leis causais. Esses atos podem ser definidos, relativamente ao ordenamento normativo, do qual recebem seu significado específico, também como atos de realização da norma ou do valor[17]. É muito significativo, em sentido metodológico, estabelecer se entendemos a existência e, portanto, a "realidade", do Estado como limitada ao ordenamento espiritual – indicando, porém, de tal modo, a necessária relação na qual esse ordenamento se coloca diante dos atos e dos fenômenos naturais que a "realizam", isto é, a "sustentam"no confronto dos homens que estabelecem esses atos no tempo e no espaço – ou se queremos ver a realidade especificamente espiritual do Estado precisamente nessa relação entre ordenamento espiritual e realidade natural. O que importa – para o conhecimento do estado de coisas – é que não se deve omi-

---

17. V. meu livro *Das Problem der Souverannität ind Theorie des Völkerrechts* 1.ª ed., 1920, pp. 88 ss. *Der soziologische und der Juristische Staatsbegriff*, pp. 75 ss. *Allgemeine Staatslehere*, pp. 18 s.

tir, a propósito do ordenamento ideal, a relação com a realidade natural. Mas precisamente isto não pode ser atribuído à teoria normativa do Estado. Se escolhi a primeira das duas formulações citadas e limitei a existência espiritual ou a realidade do Estado ao ordenamento ideal-normativo, o fiz apenas e, sobretudo, porque os atos psicofísicos humanos portadores de conteúdo espiritual pertencem ao âmbito da natureza. Mas o Estado só pode emergir do âmbito real da natureza, que preenche o tempo e o espaço, se não o definirmos – como de costume – como uma pluralidade de pessoas que vivem sob um poder ou ordenamento específico, mas entendendo-o, sobretudo, como ordenamento ideal segundo o qual são interpretados os atos humanos decorrentes no tempo e no espaço. Foi a Escola de Viena que pôs e tentou resolver, pela primeira vez, o problema da relação, absolutamente peculiar, na qual o Estado, enquanto ordenamento normativo, não pode ser um ente que se põe no espaço e no tempo segundo coordenadas espaço-temporais[18]. Mas ela, ao definir o Estado como um sistema de normas ou valores, jamais omitiu a referência aos atos de realização das normas ou valores, os quais são para o sistema de normas ou valores não a "conditio per quam" mas sim a "conditio sine qua non"[19].

Smend não ultrapassou a Escola de Viena com os seus esforços em relação ao mesmo problema. Com esta, ele parte do contraste entre natureza e espírito. Assim, assumindo a terminologia de Litt, ele confronta, como "dois mundos diversos" (p. 21), a "função real da vida", ou seja, os atos psicofísicos com o "conteúdo ideal de sentido" (p. 22); o reino "da vida pessoal", "temporal-real" com o "reino do sentido ideal-atemporal" (p. 21). A legalidade da "vida" espiritual-corpórea por um lado e a "legalidade do sentido" por outro;

---

18. V. *Problem der Souverannität*, pp. 71 ss., *Der Soziologische und der Juristische Staatsbegriff*, pp. 84 ss., *Allgemeine Staastslehre*, pp. 137 ss.

19. V. *Der Soziologische und der Juristische Staatsbegriff* p. 94, *Allgemeine Staatslehre*, p. 14.

"realidade da vida e ordem do sentido"; a "vitalidade concreta"de uma "realidade psicofísica temporal"e o "ter-sentido atemporal" de uma "estrutura ideal de sentido" (p. 77). Smend vê nesta antítese, à semelhança do que a Escola de Viena viu e mostrou pela primeira vez[20], a "dificuldade fundamental de todas as ciências do espírito". E essa antítese deveria assumir em Smend – contrariamente a Litt, mas exatamente em conformidade comigo – o significado de uma antítese entre realidade efetiva e valor, entre ser e dever-ser, já que para Smend – conforme foi dito – a legalidade do sentido ou do espírito é uma "normatividade axiológica"; todavia, Smend evita intencionalmente tirar esta conclusão e, sobretudo, falar do problema do ser e do dever-ser; justamente porque ele não encontra um modelo em Litt, pelos motivos mencionados acima. Portanto, ele se desvia. A consciência clara de que a antítese entre natureza e espírito traduz-se – no âmbito estatal e jurídico – na antítese entre ser e dever-ser, tornaria ainda mais difícil para ele combater a solução que a Escola de Viena deu ao problema da realidade do Estado (ou da positividade do Direito) situado sob o signo dessa antítese. Smend prefere uma formulação cuja impossibilidade interior se depreende das suas próprias premissas e que conduz o seu pensamento a obscuridades muito pouco interessantes e mesmo a contradições notórias.

Embora parta da "contraposição" entre "realidade da vida e ordem do sentido" – que, apesar dele não o afirmar explicitamente, é a antítese mais fundamental que se possa imaginar, ou seja, entre ser e dever-ser, realidade e valor –, ele pretende que uma ciência do espírito não se dirija exclusivamente àquele objeto, o único que pode ser considerado "espírito", em contraste com a natureza, isto é, o ordenamento

---

20. V. *Der Soziologische und der Juristische Staatsbegriff*, p. 75: "Essa contraposição entre 'ser' e 'dever-ser' é um elemento fundamental do método das ciências do espírito em geral e do conhecimento científico do Estado e do Direito em particular." Assim parece "o que Smend sustenta ser a refutação explícita de todo o pensamento das ciências do espírito" da Escola de Viena!

do sentido; mas que abranja, simultaneamente, também a realidade da vida. Assim, Smend não limita a existência ou realidade do Estado – como faz a Escola de Viena – à ordem normativo-espiritual, mas a procura nas suas relações com a realidade natural, que a teoria normativa do Estado não ignora, mas – por razões metodológicas – crê não poder incluir no conceito de Estado. A diferença entre as duas orientações não seria, portanto, em si mesma tão relevante, como Smend procura mostrar, se ele, quando define a realidade do Estado ligada à esfera puramente ideal, não recaísse totalmente na área da realidade natural, de modo que, no fim, em vez de uma realidade do Estado obtêm-se duas: uma espiritual e uma natural e, em vez de um conceito de Estado, dois: um jurídico-normativo e um sociológico-natural. Ele fala – baseando-se em opiniões metodológicas de Litt, sem explicar sua própria opinião – de uma composição "dialética" dos dois momentos (p. 7), ou seja, que a "legalidade da vida, por um lado, e do sentido, por outro, devem ser compreendidas unitariamente" (p. 12). Ele afirma (p. 77) – sem qualquer tentativa de provar – que o monismo metodológico deve ser reservado à ciência natural; como se só para a ciência natural valesse o princípio segundo o qual a unidade do método científico funda a unidade do objeto da ciência. Ele certamente nega – seguindo a Escola de Viena – o sincretismo acrítico do método, que não consiste senão na confusão entre uma concepção voltada à essência da realidade natural e uma voltada ao dever-ser das normas e dos valores; e, ao mesmo tempo, exige que a ciência do espírito – operando com o seu dualismo metodológico, mas não sincretista – capte "no inevitável" oscilar do pensamento o próprio objeto, "em sua ambigüidade de ordem da vida e de ordem do sentido" (p. 77). Ele chega, assim, à boa e antiga "teoria dualista", há muito tempo abandonada pela Escola de Viena, com sua fórmula superficial e metodologicamente insuficiente, para a qual o ordenamento normativo em sentido ideal e a realidade espiritual-corporal dos homens ativos são dois aspectos de um mesmo objeto, o Estado; não resolve o problema da realidade ou existência específica do Estado mas, simplesmente, o esconde; todavia, pelo menos essa teoria não caminha nas alturas como a de Smend, numa fraseologia cheia de palavras estrangeiras tomadas de Litt, a qual, com toda sua "composição dialética" e o seu "oscilar do pensamento", não tem uma sílaba a mais para dizer do que, anteriormente, já havia sido dito por Jellinek, quando este afirmava que o Estado tem um aspecto sociológico-real e um jurídico-ideal, ficando assim, porém, devedor de uma resposta à pergunta sobre como esses dois aspectos, que, em princípio, representam contradições conceituais, podem ser conceitualmente ligados.

Smend deve à orientação de Litt a recaída na teoria dualista. Este, porém, poderia negar a responsabilidade pela confusão de Smend entre momento do valor e efetividade do evento, enquanto ele afirma, textualmente, que "todos os graus do valor desenvolvem-se no interior da esfera do sentido e, portanto, não devem ser projetados na dimensão da efetividade da experiência" (p. 217). Mas Litt tenta fazer com a esfera do sentido enquanto tal o mesmo que Smend faz com a esfera do sentido por ele identificada com a esfera do valor: ele a projeta na esfera da efetividade da experiência para obter o conceito de vida espiritual ou do espírito vital, que fascina Smend. O que Litt postula sobre o campo mais estreito do valor vale também para o campo mais amplo do sentido que, enquanto tal, inclui o valor: essa esfera do sentido não deve ser confundida com a da vida real, pois a confusão do valor com a realidade é inadmissível para Litt, porquanto a esfera do sentido – que é a esfera do espírito da qual o valor é apenas uma área parcial – e a esfera da vida real divergem conceitualmente. Com uma inigualável firmeza, Litt distingue os atos reais psicofísicos, que se desenrolam no tempo e no espaço, daquilo que ele entende por sentido, o sentido atemporal, irreal (pp. 27-8) – a "relação de experiência", a vida real, a ordem da vida, por um lado, e a estrutura ideal, o conteúdo do sentido, a ordem do sentido, por outro. Ele salienta que "a experiência na qual se percebe o sentido" e "o sentido que é percebido na experiência" pertencem a duas ordens diversas (p. 315) e distingue estas duas ordens como duas "dimensões incompatíveis" entre si. Vemos, afirma Litt, que os fenômenos do mundo sócio-espiritual, em virtude de uma qualidade que se pode definir como a "sua duplicidade", "não só permitem, mas exigem uma elaboração conceitual sob dois pontos de vista bem distintos, concernentes, de um lado, às relações imanentes da esfera ideal e, de outro, às estruturas ideais em seu ordenar-se no contexto da realidade da vida psíquica, no seu emergir do movimento flutuante do processo" (p. 375). E Litt constata "que sempre que o espírito cognoscente se volta a uma parte, determinada e concreta no seu conteúdo, dessa realidade espiritual, ele deve seguir o duplo caminho da observação, distinguindo entre as relações psíquicas reais e as conexões ideais-materiais" (p. 376). Isto significa apenas que é necessário tomar duas direções conceituais diversas para dominar intelectualmente essa realidade que não é concebível como um único objeto, mas como dois objetos diferentes, e que estes, isto é, a experiência real e a estrutura ideal, distinguem-se conceitualmente. E mais: apesar de Litt admitir que se tratam de duas direções totalmente diferentes, se se pretende compreender a experiência real psicofísica e a estrutura ideal suportada por ela, não se pode deixar de tentar compreender esses dois objetos como um único, o que significa tentar reunir em um conceito que liga unitariamente aquilo que, supostamente, deve ser conceitualmente distinto.

Esta é a quadratura do círculo! Não é a solução do problema – supostamente insolúvel –, visto que Litt sempre se refere ao fato de que a ordem da vida e a ordem do sentido, que devem ser gnosiologicamente distintas – e que ninguém distingue conceitualmente com mais força do que ele – "na experiência tocam-se, por assim dizer, não apenas num ponto externo ou se sobrepõem, mas entram numa relação que implicitamente torna a totalidade das relações ideais significativa para a totalidade da experiência" (p. 315). Em suma, não se trata de determinar, mediante a empresa científica, as estruturas sociais com uma unidade "experimental" – de passagem muito problemática – mas com uma unidade gnosiológica. Mas, se quisermos entender a "relação" em questão, não podemos liquidar o interlocutor com a fórmula segundo a qual essa se "experimenta".

Constitui um espetáculo estranho observar como um espírito notável, ao qual não falta clareza nem rigor, tenta ligar conceitualmente aquilo que ele mesmo havia distinto conceitualmente, porque esta distinção impôs-se a ele no desenvolvimento do processo de conhecimento, desde o primeiro passo pré-científico até a reflexão crítica; assim, ele, em vão, pretende cancelar o fato de ter comido da Árvore do Conhecimento, perdendo com isso – mas apenas depois do pecado original – o paraíso da vida inconsciente na qual tudo estava, por natureza, em comunhão com o todo e tudo era uno. Das várias tentativas, basta citar qualquer exemplo: "das profundezas férteis do orgânico brota, de forma imprevisível e incontrolável, recolhendo-se em centros sempre novos, surgindo sempre em novas manifestações, vida após vida; por mais que se possa erguer na esfera espiritual, permanece sempre unida, mesmo ao fim da execução dos seus atos mais sublimes, como totalidade psicofísica, nesses obscuros fundos e substratos; tanto que seu movimento autônomo jamais se desfigura no puro reflexo da ordem ideal. Mas é claro: uma vez que tenha atingido as alturas, de onde lança o seu olhar sobre as relações de sentido da esfera ideal, acaba também no pertencer-a-si-mesmo do movimento unitário psicofísico: porque nesse ponto a vida específica do movimento, nascido da própria profundidade, chega a manifestar-se com movimentos de outro tipo e origem; agora as relações atemporais da dimensão objetiva ganham – tanto quanto é verdade que a vida procura dispor e apossar-se delas – uma influência decisiva sobre a força, direção e a construção desse ser que preenche "o tempo da experiência"; agora a ordem da vida e a ordem dos sentidos misturam-se para formar aquela estrutura peculiar através de cuja construção a realidade espiritual, avançando na direção do sentido, quase supera-se a si mesma (p. 374). Esta "vida" permanece, mesmo que se erga à esfera do espírito – para manter esta imagem enganadora do espaço –, presa na legalidade específica da ordem da vida e só pode entendida nela, exclusivamente nela. Mas o que significa, realmente, dizer que a "vida" se "ergue à esfera do espírito"? Nada, senão que os atos humanos são motivados por representações que têm um sentido e que o comportamento dos homens orienta-se por uma origem ideal, em especial, por um sistema de normas. Portanto, o transcorrer desse comportamento humano no tempo e no espaço pode ser compreendido de outra forma que não seja a de uma conexão de motivações, isto é, como nexo casual e, assim, como parte da natureza? E o espírito, a estrutura do sentido, o sistema de normas: mesmo sendo concebível enquanto está "inserido" nesta "vida", ligado a esta vida, pode ser entendido de outra forma que não seja segundo as leis da ordem do sentido, que é totalmente diferente da ordem da vida; de tal modo que, se se quer compreender a vida, deve-se abstraí-la da ordem do sentido, que é totalmente diversa da ordem da vida? O fato de a ordem da vida e a ordem do sentido "interagirem" para formar estruturas próprias é uma afirmação cuja verdade, se é que existe, não está no nível em que se move todo o trabalho de Litt, ou seja, no plano gnosiológico, pois assim entraria em contradição com outras afirmações que, neste nível, pretendo que o leitor considere como verdadeiras.

Todavia, Litt acredita ter introduzido um método de conhecimento em condições de libertar-se das correntes de uma lógica não contraditória: o método dialético. Este deveria conciliar o inconciliável. Mas é supérfluo examinar criticamente a descrição crítica que Litt oferece sobre este proceder do conhecimento, pois o seu resultado mostra claramente o que pretende. O que quer, de fato, obter? Construir mediante o pensamento a unidade de um objeto que ameaça dividir-se imediatamente, formando dois elementos conceitualmente distintos. Trata-se – como o próprio Litt afirma (pp. 376 s.) – de uma orientação de pesquisa que "procura trazer à luz a unitariedade das formações e das criações culturais mesmo na elaboração e na representação intelectual, sem nada deslocar ou abreviar". Litt exalta, nessa orientação da ciência do espírito, o fato de que ela – ao contrário daquela que se refere exclusivamente ao conteúdo da ordem ideal ou de uma outra que se refere apenas à vida real – está "em harmonia com a realidade do espírito", "que não conhece nenhum tipo de precedência de uma sobre a outra". Pode-se, portanto, concluir que Litt considera adequada ao seu objeto esta orientação das ciências do espírito e que, em particular, ela deve ser considerada também por uma teoria orientada à concreta estrutura espiritual do Estado. Ao menos, é essa exigência que Smend, referindo-se a Litt, apresenta (p. 77).

Mas o que Litt deve constatar a partir desse método das ciências do espírito pretendente a uma representação "unitária" da realidade espiritual? A "inevitabilidade" da distinção entre "relações psíquicas reais" e "conexões ideal-objetivas" (p. 376).

"Portanto, uma interpretação mais cuidadosa pode provar, a partir de qualquer representação das ciências espirituais desse tipo, que essa unidade não é alcançada através de um terceiro tipo de representação mental que se anula para, em seguida, elevar a unilateralidade descrita, mas através de um contínuo oscilar das duas direções, derivadas das diferentes formulações do problema. Assim, quando o movimento do pensar pretende delinear um projeto político, um plano de combate, um contrato, uma idéia artística, um sistema econômico, um sistema científico-doutrinário, uma constituição estatal, uma convicção de fé em seu conteúdo puramente imanente, em suas relações baseadas no objeto, ele muda subitamente para o outro lado, para os homens, para os grupos, para os estímulos e os movimentos da realidade espiritual nos quais essas estruturas são produzidas, ponderadas, estimuladas e combatidas, aperfeiçoadas e transformadas – para ver-se, assim, que queria seguir o procedimento próprio dessa área, constantemente reenviado ao momento objetivo cujas ligações imanentes jamais interrompem sua influência sobre esse movimento. Somente nesse oscilar uma parte concreta da realidade espiritual pode ser compreendida numa imagem que supera as unilateralidades de uma visão voltada unicamente ao conteúdo ou apenas à vida. Nela a dualidade dos pontos de vista não é eliminada, mas confirmada. E não é a menor das artes do pesquisador e expositor que ele, através da velocidade e agilidade desse oscilar, não deixe o leitor chegar à consciência dessa dualidade dando-lhe, sobretudo, a ilusão de uma vida que, em sua unidade, não conhece uma distinção entre o sentido e os acontecimentos psíquicos reais, assim como a imediatez espontânea da sua própria experiência ideal." Ora, ignorando uma pequena contradição, contida nesta reconstrução formalmente brilhante – a referência ao fato que "as construções imanentes" do conteúdo ideal têm uma "influência" sobre o movimento dos acontecimentos psíquicos reais, o que somente seria possível se o conteúdo material e a vida real estivessem no mesmo plano das conexões causais, o que porém contradiz a dualidade pressuposta –, este é, então, o resultado surpreendente da dialética, ou seja, permanecer no "insuperável dualismo" da vida real e da ordem ideal, coisa que não pode ser anulada, como Litt admite na passagem seguinte, "por nenhuma reflexão voltada à forma concreta do espírito"[21].

---

21. Litt sustenta (op. cit., p. 377) que é reservado a uma teoria formal da estrutura aquilo que não é permitido a "nenhuma concepção inerente às figuras concretas do espírito", isto é, "elevar a dualidade dos modos da visão, ali insuperáveis, através da indicação das formas gerais-estruturais que necessariamente e invariavelmente fornecem uma boa prova em cada evento concreto, no qual a ordem da vida é a ordem do sentido, não redutíveis uma a outra, porém reciprocamente entrelaçáveis, tecem o tapete da realidade corporal-mental." Porém, o belo "tapete" cobre somente o fato de que essa realidade corporal-mental deveria ser – mais exatamente – uma realidade corporal-espiritual-mental, o que já soa muito mais problemático do que uma realidade que se pode facilmente confundir com uma corporal-espiritual. E se, com o conhecimento das estruturas sociais concretas, a "ordem da vida" da realidade corporal-espiritual deve ser concebida a partir de um outro ponto de vista e de

A unidade que se deseja alcançar não é a unidade de um conceito ou objeto do conhecimento, mas a unidade de um livro, no qual se trata de dois objetos considerados a partir de dois pontos de vista diferentes. Só que o autor, e nisto reside uma de suas artes, muda constantemente "com rapidez e maleabilidade" o objeto de suas explicações e, assim, "não deixa o leitor chegar à consciência dessa duplicidade", que permanece irredutível, mesmo para a dialética da oscilação. Esta é capaz de dar ao leitor apenas a "ilusão" de uma unidade que, talvez, exista na vida mas, certamente, não no conhecimento. Litt crê, neste ponto, que até a "vida" – que na sua unidade nada sabe de uma separação entre os sentidos e os eventos reais – seja apenas uma "ficção". O que bem pode ser – do ponto de vista de Litt – apenas um desvio estilístico. Mas a afirmação é justa. Essa unidade vital, considerando-a como resultado de uma reflexão retrospectiva, é uma ficção, a hipóstase de um postulado do conhecimento cuja verificação – uma vez que essa não pode (por definição) dar-se por si mesma, enquanto não pertencente a nenhuma reflexão, já que se põe antes de toda reflexão, no estágio de uma "vida" verdadeiramente "transcendente" – propõe uma nova questão.

Assim como Litt, a concepção do Estado da Escola de Viena também salienta que aqueles aos quais pertence o Es-

---

uma visão voltada a outra parte que não seja a "ordem do sentido" das estruturas espirituais, se a unidade não pode ser aqui alcançada através de "um método da representação mental que anula e, portanto, eleva" a dualidade, mas apenas através de um certo método de "oscilação", não se compreende porque uma teoria geral das estruturas espirituais, uma doutrina formal da estrutura, deveria conseguir fazer aquilo que, por motivos de método, não se permite à observação de uma estrutura particular. Aquilo que é possível em geral deveria ser impossível em particular? Litt tinha dito um pouco antes (p. 374) em um sentido válido também para a observação das estruturas concretas, que a ordem da vida e a ordem do sentido se "entrelaçam". Ora, o fato dessas duas ordens do sentido interagirem deveria valer apenas para a teoria geral da estrutura desses objetos, indicando, por assim dizer, que a unidade conceitual superior é o resultado de um método gnosiológico inaplicável às estruturas concretas?

tado – entendido como estrutura espiritual, como sistemas de normas – e a vida real dos atos psicofísicos, que produzem, sustentam e realizam esse sistema de normas, são duas ordens diversas, dois mundos diversos; que se devem percorrer duas ordens distintas de reflexão se se deseja tomar posse da estrutura espiritual e da vida real, na qual essa estrutura espiritual está "imersa" como realidade especificamente espiritual. A partir desse inexorável dualismo, ela conclui que cada objeto só pode pertencer a uma ou outra esfera e que, portanto, também o Estado só pode ser determinado conceitualmente como estrutura espiritual ou como vida real, jamais como ambas simultaneamente. A Escola de Viena desenvolve a sua teoria do Estado como ciência espiritual porque limita o Estado à estrutura espiritual e, neste sentido, o considera realidade espiritual, isto é, realidade limitada ao âmbito do espírito, existente no âmbito do sentido ou do valor, e não vida real, isto é, não realidade que preenche o tempo e o espaço submetida às leis da causalidade e, portanto, à realidade natural. Para fazer isto, funda-se sobre prova de que o Estado não pode ser concebido como realidade natural, como realidade vital e, portanto, como realidade de eventos psicofísicos, segundo as leis da natureza; porque a específica estrutura unitária que chamamos Estado só pode ser entendida como unidade de um sistema de normas. Com o que a Escola de Viena não nega, de fato, a necessidade de examinar na sua legalidade natural, isto é, biológica e psicológica, aqueles atos psicofísicos sobre os quais o Estado repousa enquanto estrutura ideal. Em particular, não subestima o significado devido a uma visão mais profunda das relações causais pelas quais se "realiza" o sistema ideal do Estado. Mas se vê forçado pela dúplice direção do conhecimento a confiar essas indagações a uma disciplina diferente daquela fundada numa reflexão dirigida ao Estado como estrutura real. A Escola de Viena certamente nada tem a objetar contra o fato de as noções de ambas as disciplinas, cuja homogeneidade no sentido recém-desenvolvido está fora de dúvida, serem apresentadas pelo mesmo autor, e talvez no mesmo livro. Mas ela não se considera – e só aqui ela começa a distinguir-se do método da "oscilação" – autorizada a impedir o "leitor de tomar consciência dessa dualidade" fazendo "oscilar" a explicação com "rapidez e maleabilidade" entre os dois objetos do conhecimento, distintos pela direção diversa da reflexão. Ao contrário, considera uma obrigação de honestidade científica deixar para o leitor a clara consciência dessa dualidade, sem "dar-lhe a ilusão" de uma unidade, onde esta não pode ser fundamentada com os meios do conhecimento.

Precisamente nisto a Escola de Viena vê a realização de sua exigência de pureza do método. E mantém tanto mais firme essa exigência quanto mais inexorável é a prova de que a sua não observância contradiz os princípios da ciência na medida em que serve aos propósitos da política.

Capítulo II
Resultados teóricos

1. O Estado como super-homem (*Übermensch*)

Segundo o esquema de Litt, também Smend procura conciliar o inconciliável e unir a esfera do espírito, que para ele é a esfera das normas, à da vida psicofísica, para chegar ao conceito de vida espiritual. Para isso ele utiliza, como já observado, o método da "oscilação"; não sem uma nota pessoal, pois ele não se limita a oscilar rápida e agilmente o pêndulo de um lado para o outro, entre conteúdo ideal e a vida real, mas faz "oscilar" também os conceitos com os quais opera. Sobretudo o conceito de "vida" é particularmente adequado a esse método da "oscilação" e por isso exerce, desde os tempos mais remotos, uma forte atração sobre pensadores para os quais a evidência, a clareza e a precisão conceitual parecem não corresponder à essência do seu objeto. A "vida" – pode-se pensar – é um evento psicofísico que se desdobra no tempo e no espaço, cujo conhecimento é tarefa das ciências naturais, como a psicologia e a biologia; e se o espírito é algo diferente da natureza, então a ciência do espírito não é capaz de compreender essa "vida". Essa é a "vida" cuja lei causal Smend contrapõe (p. 12) à legalidade do sentido ou do espírito, essa é a "vida" cuja realidade efetiva ele contrapõe à "ordem ideal", a "vida" cuja "vitalidade concreta" é contraposta ao "significado atemporal" da "estrutura ideal do sentido" (p. 77). Somente essa "vida" que transcorre no tempo e no espaço como parte da lei causal da natureza e, portanto, como objeto da biologia e da psicologia, é algo bem diferente do espírito sem tempo nem espaço submetido à legalidade das normas, que é um conteúdo ideal e estrutura de sentido: essa vida transforma-se em Smend naquele "espírito" que lhe é contraposto, seja do ponto de vista do tipo, seja pela diversidade das leis que o governam. E esse espírito, que não pode ser entendido nas suas "relações ideais e atemporais de sentido" nem pela psicologia, nem pela biologia, nem por uma sociologia de orientação psicológica ou biológica, transforma-se em "vida", torna-se vida espiritual ou espírito vivente; como tal transforma-se em objeto específico de uma ciência do espírito que, todavia, deveria ser a psicologia e a biologia para poder compreender a vida desse espírito que, como toda vida, só pode desdobrar-se no tempo e no espaço e segundo leis causais, isto é, na natureza; torna-se objeto de uma ciência do espírito que, no entanto, não pode ser nem a biologia nem a psicologia, porque assim ela seria uma ciência da natureza e não do espírito, devendo ocupar-se de leis causais e não de leis normativas ou de valores. Segundo Smend, as estruturas sociais em geral, e o Estado em particular, são desse mesmo tipo de espírito. Smend afirma "que a estrutura da vida de todo grupo humano contém, como seus elementos, dois momentos que pertencem a mundos diversos" (a estrutura contém "em si" momentos?), a vida temporal-real e o sentido atemporal, vale dizer, o valor (p. 21), de modo que o grupo social como ente espiritual compreenda em si a vida psicofísica. Ele fala, portanto, de um "âmbito espiritual da vida do Estado" (p. 5). Em particular, o Estado é "real" apenas enquanto é "vida", ou seja, enquanto é uma coisa qualquer ou um processo psicofísico. Que o Estado "viva espiritualmente", que ele tenha uma "vida espiritual", que existam "uma realidade espiritual da vida do Estado", "funções da vida", "uma plenitude de vida do Estado", "um fluxo de vida estatal", uma "realidade da vida espiritual" e que tudo isso seja uma realidade de vida espiritual, é tudo aquilo que vem sempre salientado por Smend com tanto mais energia quanto mais ele crê estar, dessa forma, opondo-se à Escola de Viena (pp. 2, 5-7, 10-1, 16, 57, 78). O que ele faz com a palavra "vida" é um verdadeiro e próprio fetichismo. Mas ele deve admitir que, ao mesmo Estado – cuja realidade vital ele não se cansa de proclamar –, como a todos os entes coletivos, "falta a realidade psicofísica da vida", e que, portanto, ele não é um "ser real em-si". Entretanto, o Estado é "real" porque ele é a "realização de um sentido". "Ele é, em geral, realidade apenas"– este "apenas"é significativo! – "enquanto é realização de sentido" (p. 45). Realização de "sentido" significa para Smend realização de valor. A realidade do Estado é, para Smend, essencialmente realização de valor; e como ele põe no mesmo plano a normatividade axiológica e a legalidade normológica: realização de uma norma. Naturalmente Smend não procura precisar em que consiste essa realização de sentido ou de valor. Mas não se pode duvidar de que ele se refere com essa locução aos atos humanos psicofísicos que possuem um determinado sentido – e isto significa em Smend: um determinado valor –, que estabelecem ou portam normas ou que correspondem a tais valores ou normas que podem ser interpretados como detentores de sentido, isto é, detentores de valor. Com o que Smend, para melhor opor-se à Escola de Viena, pretendendo conceber o Estado como aquela realidade vital, o nega como construção espiritual e deve, concomitantemente, admitir o mesmo Estado – que havia explicado como simples ordem do sentido e, portanto, como ente coletivo sem realidade vital psicofísica – como plenitude de atos psicofísicos dotados de vida real, não inseridos na esfera do espírito, isto é, "do sentido atemporal", mas, para usar as suas próprias palavras, na "realidade temporal". Smend polemiza – seguindo a Escola de Viena – contra a concepção segundo a qual o Estado é um ente que preenche espaço; mas como ele não tem a coragem de situar o Estado como ordem ideal de sentido, conforme a qual seria forçado a defini-lo, já que teme perder por isso a "vida"do Estado, ele que, junto com a Escola de Viena, ataca a substancialização dos conteúdos ideais, identifica, em seguida, o Estado com uma "substância" à qual se pode negar tanto a espacialidade quanto a temporalidade. Essa "vida" do Estado, que naturalmente só pode ser uma vida psicofísica deve, porém, ser não uma vida de corpos animados, mas uma vida do espírito; isto é, a vida de uma estrutura de sentido que, segundo as premissas do próprio Smend, pertence a um mundo diferente daquele da realidade vital dos atos psicofísicos. Porque a vida, segundo Smend, é "real", em oposição ao espírito que é "ideal". Mas o espírito, cuja "vida" é o Estado, é um espírito real, o que significa: algo que é, ao mesmo tempo, real e ideal. E assim como Smend opõe, em um primeiro momento, a "vida" ao conteúdo ideal para, em um segundo momento, fazê-lo "viver" novamente como "espírito", põe em contraposição a vida real e o sentido ideal, salientando que "no contraste entre função real de vida e conteúdo ideal de sentido" apenas o primeiro membro é "real" (p. 22); mas em outro lugar (p. 53) distingue, porém, entre um "conteúdo real de sentido" e um "conteúdo ideal de sentido". Como o sentido é, por certo, algo "ideal", existe na teoria de Smend um ideal real e um ideal ideal. O ideal real é evidentemente o espírito vivente que, em si mesmo, não possui nenhuma vida.

A Escola de Viena, que considera o Estado uma estrutura espiritual, um ordenamento de sentido, isto é, um ordenamento ideal e, em particular, um sistema de normas, rejeita por isso, e, sobretudo por isso, a concepção da doutrina tradicional, segundo a qual o Estado é uma estrutura composta por um conjunto de homens, o que se traduz na fórmula pela qual o Estado é composto de homens, para substituí-la pela tese segundo a qual o Estado é um sistema normativo cujo conteúdo é constituído por fatos específicos da conduta humana formando um ordenamento normativo. Também Smend – seguindo a Escola de Viena[22] – recusa, devido às suas implicações espácio-temporais, a tese comum que sustenta ser o Estado composto por homens, mas acre-

---

22. Cf. *Der Soziologische und der Juristische Staatsbegriff*, pp. 85 s.; *Allgemeine Staatslehre*, pp. 149 s.

dita poder definir como uma "trivialidade" a correta reconstrução proposta pela Escola de Viena (p. 87) utilizando, portanto, apenas a "soberania" de Heller, mas não a fonte última da qual se serve o mesmo Heller. Mas esta "trivialidade" não se adapta bem à teoria de Smend sobre a vida e a vida real do Estado. Pois onde poderia ser encontrada essa vida real senão nos homens? Apenas estes vivem; e do Estado, que "vive" de certa forma, deve-se provavelmente afirmar, com Smend, que "ele se constitui de e a partir dos indivíduos" (p. 20), o que é o mesmo que dizer: o Estado "consiste" de homens. E como o indivíduo tem uma existência biológica, como poderia o Estado, "que se constitui de indivíduos", deixar de ter também uma tal existência biológica?

A Escola de Viena mostrou de que forma é possível compreender o Estado como estrutura espiritual, isto é, como construção de sentido ou ordem ideal, sem desconsiderar o fato de que essa ordem deve ser produzida ou obedecida por atos humanos psicofísicos, segundo um gradualismo múltiplo. Ela mostrou que se pode entender o Estado como sistema de valores sem ignorar o fato da realização mesma do valor. Ela mostrou como essa realização do valor, desdobrada no tempo e no espaço, isto é, na natureza, deve ser relacionada com o sistema normativo estatal sem que com isso o Estado tenha de ser transposto da esfera do espírito para a esfera da natureza; assim como as normas do ordenamento estatal podem referir-se ao espaço e ao tempo sem que o próprio Estado seja apresentado como um corpo que ocupa lugar no espaço, como um objeto natural. Smend afastou-se, afinal, dessa solução do problema por não querer definir o Estado – conforme o fez a Escola de Viena – como ordenamento ideal e, em particular, como sistema de valores que se realiza através de atos humanos; mas, sobretudo, acentuando a realização do valor, a assim chamada "vida", e, com isso, transportando o Estado novamente ao campo da natureza, em contradição com o postulado aceito por ele de estabelecer a teoria do Estado como ciência do espírito. Em essência, a única diferença entre a teoria do Estado da Escola de Viena e a teoria anterior consiste no fato de que uma define o Estado como uma pluralidade de homens que vivem sob um poder legalmente ordenado (isto é, sob um ordenamento jurídico) ao passo que a outra define o mesmo como ordenamento legal sob o qual vivem os homens, concebendo, portanto, todos os problemas da teoria do Estado como problemas de validade e de produção de um ordenamento ou de um sistema de normas; com o que, inevitavelmente, a vida dos homens "submetida ao ordenamento" transforma-se num sistema regulado pelo ordenamento e formador do conteúdo deste. Colocando a ênfase dessa definição do conceito mais uma vez sobre o elemento natural da "vida", Smend recai na velha teoria do Estado e nos seus mesmos erros e contradições.

Pertence a esses erros – como conseqüência da inexata definição do conceito – a suposição de uma substância superindividual do Estado, apresentada como uma "vontade" que se impõe sobre o valor, a personalidade ou a vida dos indivíduos, ou seja, como uma "vontade" superindividual, como uma "personalidade" superindividual ou como "vida" superindividual. De que outra forma poderia ser fundada a indefectível unidade do Estado na variedade dos homens que o "formam" e, sobretudo, a sua existência supra-subjetiva e objetiva, se o Estado não fosse reconhecido como o ordenamento que constitui essa unidade e que só é objetivo em sua validade específica? Assim, não é de admirar que Smend acabe por ter dúvidas e refute, influenciado pelo trabalho crítico da Escola de Viena, a ficção de uma substância do Estado e negue energicamente a existência de uma personalidade superindividual do Estado. Representa mais do que uma simples peculiaridade lingüística o fato de ele sempre falar de uma "substância" ou mesmo de um "núcleo substancial" do Estado (pp. 18, 45). Pois a "vida" do Estado, se não deve ser integralmente absorvida na vida dos indivíduos, deve, porém, ser a vida de algo que não é idêntico ao indivíduo. No seu modo incerto e ambíguo, Smend declara que a "vida espiritual" dos seres coletivos em geral e do Estado em particular é algo diferente da vida psicofísica dos seres humanos individuais. Pois à psicologia e à biologia resultam acessíveis apenas a vida dos seres humanos individuais, das almas individuais, mas não a vida espiritual dirigida por um ser coletivo e, em particular, pelo Estado. Essa vida espiritual é acessível apenas à verdadeira ciência do espírito (p. 7). É claro que essa vida espiritual – a vida do grupo e especialmente do Estado – contém em si também a vida psicofísica do indivíduo; ela entra, porém, "nas relações de sentido ideais atemporais" (p. 12) tornando-se, assim, uma vida específica, isto é, a vida "espiritual". Por isto Smend fala de uma "vida da alma individual" (p. 7), de uma vida "pessoal" (p. 21) como um processo temporal-real que só pode ser compreendido se for diferenciado da vida atemporal-real dos seres coletivos ou, ao menos, da vida atemporal-ideal desses seres misteriosos que, no entanto, contêm em si a vida temporal-real. E essa distinção também é feita por Smend de forma excepcionalmente clara e inequívoca. Ele fala de processos "que tornam comum qualquer conteúdo espiritual ou que pretendem fortalecer a própria experiência da comunidade" (p. 33). E assinala um efeito, antes um "dúplice efeito", de tais processos: aqueles que tornam mais intensa seja a vida da comunidade seja a vida dos indivíduos que fazem parte dela ("com o dúplice efeito de intensificar tanto a vida da comunidade quanto a do indivíduo que dela faz parte"). Não se poderia falar de tal "dúplice efeito" se a vida da sociedade consistisse apenas na vida dos indivíduos que a compõem. Mesmo naquelas passagens em que Smend nega a realidade psicofísica da vida dos seres coletivos – apesar de ter afirmado antes que a estrutura de toda vida humana coletiva "contém em si" o momento "da vida temporal-real" (p. 21) – estabelece-se uma diferença de princípio entre a vida, mesmo a vida "espiritual" do homem singular e a vida dos "seres coletivos". De tal forma que se é forçado a imaginar dois tipos diversos de gêneros de "vida" e dois diferentes portadores dela. Mas ele também fala da "vida", de "funções da vida", da "plenitude da vida", do "sistema da vida" e, particularmente, da "existência formal e da vida do Estado" (p. 87) de uma forma que exclui totalmente a possibilidade de ver nessa palavra, usada excessivamente e pela qual o autor mostra particular preferência, só uma imagem mediante qual a construção e o aperfeiçoamento de um sistema ideal é ilustrado, comparando esse movimento puramente espiritual com um processo psicofísico. É precisamente isto o que Smend reprova na Escola de Viena: que ela não teria captado a "vida" do Estado por ter-se limitado à compreensão do âmbito da estrutura puramente espiritual do sentido. Essa "vida" dos seres coletivos é para Smend um verdadeiro "processo vital" (p. 7), consiste em "atos de experiência" – ele volta sempre a identificar a vida com a "experiência" (pp. 6-7, 13, 47, 81); e esses atos de experiência não podem ser concebidos senão como psicofísicos! A "vida" do Estado, do modo como Smend a concebe – sem, evidentemente, ter a coragem de explicitá-lo de forma clara e inequívoca –, é a vida de um ser sobre-humano. Esse "espírito" das formações sociais e, em particular, do Estado, é, na verdade, a alma de um *makroanthropos*. Não é a "construção unitária", à qual "falta o em-si da realidade psicofísica da vida", nem uma ordem ideal do sentido, mas a idéia de um ser poderoso, dotado de forças psíquicas e físicas de que Smend necessita para poder dizer tudo o que considera essencial ao Estado: que ele deve "ser soberano em seu próprio território", que ele "domina através do seu poder realmente irresistível", que "ele é capaz de defender-se vitoriosamente dos ataques externos" e que, por isso, "os símbolos da vitória" constituem a "manifestação adequada de sua essência" (p. 46). Se o Estado fosse uma "estrutura de sentido", como seria possível afirmar que ele pode sentir-se ferido em sua honra e que os seus cidadãos possam "compartilhar" essa "experiência" do Estado exatamente como se se tratasse da sua própria experiência – ao mesmo tempo diferente da do Estado? (p. 49). Esse "ser soberano em seu próprio território" não é o âmbito de competência territorial de um ordenamento ideal na forma pela qual a Escola de Viena concebe a relação do Estado com o "seu" território. Pois uma modificação desse âmbito de competência não poderia ser considerado uma modificação da essência do Estado. O que importa, no entanto, para Smend é justamente o fato de considerar uma mudança nesse âmbito como uma "mudança qualitativa da essência do Estado" (p. 56). Essa "irresistibilidade de fato" não é a validade objetiva de um sistema de normas, como tal independente das vontades e desejos subjetivos daqueles que lhe estão submetidos; esse exército invencível (p. 46) não é um âmbito material de competência, uma competência possível mas não essencial junto a outras competências do Estado, pois o que é decisivo aqui para Smend é, justamente, poder defender "uma forma de vida do povo do Estado" (p. 46) contra tendências pacifistas. Uma tal redução à esfera espiritual – conforme a empreendida pela Escola de Viena como conseqüência inevitável da definição do Estado como estrutura espiritual – deve ser evitada por vários motivos. O conceito smendiano de Estado parece-se, por isto, mais com uma ninharia qualquer do que com aquela "unidade real da vida", de cujo valor deve ser deduzido o dever humano de "viver e, se necessário, morrer pela totalidade"[23]. Este é o conceito organicista do Estado de Gierke. Por trás da hipóstase de um ordenamento normativo de validade relativa, elevado à idéia de um ser vivo orgânico, esconde-se a suposição de um valor absoluto supra-empírico. Procurando evitar o método organicista de Gierke, Smend chega à seguinte sistematização, não menos problemática metodologicamente: que a "natureza" do Estado deve ser "declarada supra-empírica", mas sua "integração à realidade", ou melhor, "a evidenciação dos fatores dessa realização" é uma "tarefa da observação empírica" (p. 22). Assim, o Estado é, ao mesmo tempo, algo supra-empírico e empírico! Dessa maneira, Smend crê ter adquirido o direito de poder arrogantemente desdenhar o "modo de trabalho acrítico e pré-crítico" de Gierke (p. 4). Evidentemente, porque conseguiu substituir a "ingenuidade pré-crítica" (p. 130) da teoria orgânica do Estado, mediante uma confusão metodo-

---

23. Gierke, *Das Wesen der Menschlichen Verbände*, 1902, pp. 16, 18, 34 e 35. Comp. o meu *Allgemeine Staatslehre*, p. 377.

lógica sem par, para finalmente chegar ao mesmo resultado dela: no Estado como super-homem (*Übermensch*).

Pelo fato de a teoria do Estado – consciente ou inconscientemente – estar orientada a fundar "cientificamente" essa idéia do Estado – a mesma idéia da comunidade social que vale também para o cidadão comum –, ela não pode abandonar a tentativa de situar o Estado como "realidade social", no sentido de uma realidade natural, sem se incomodar com o fato de que com isso contradiz uma posição das ciências do espírito por ela mesma, por princípio, postulada. Neste aspecto, não faz nenhuma diferença se essa contradição evidencia-se claramente, como em Bluntschli, Gierke e Jellinek, ou se se procura escondê-la, como Smend, projetando a realidade natural da vida psicofísica no âmbito do espírito ou o espírito (sentido, valor) no âmbito da vida, confundindo assim a contradição da qual se parte de modo a não deixá-la visível a um olhar metodologicamente acrítico. A teoria orgânica do Estado, que parece estar, com sua terminologia científica (o Estado é um organismo vivo), em uma posição de ostensivo contraste com a teoria "espiritual" do Estado de Smend, difere, na realidade, dessa teoria da vida espiritual ou do espírito vital apenas por jogar com as cartas abertas. Elas harmonizam-se, de fato, na perspectiva fundamental de fundar o valor absoluto do Estado mediante a prova de sua potente, senão predominante, "realidade". A exigência, cuja satisfação almeja-se alcançar com isso, é mais forte do que todas as objeções teóricas. Trata-se da necessidade de manter uma idéia do Estado que se supõe – possivelmente com razão – ser efetivamente capaz de garantir a obediência ao ordenamento estatal em maior medida do que um conceito do Estado corretamente adquirido do ponto de vista metodológico e contendo o puro conhecimento cientificamente objetivo dos fatos. O reconhecer que não cabe ao Estado uma "realidade" no sentido comum da palavra, que o Estado é "apenas" uma estrutura ideal, um sistema de normas cuja validade só pode ser admitida de modo hipotético mediante o conhecimento, que, portanto, o Estado tem apenas uma realidade espiritual: esse reconhecimento, ao se tornar um bem público amplamente difundido, poderia – teme-se – abalar a fé no poder daqueles homens que, não em seu próprio nome, mas apenas como "órgãos", isto é, por trás da máscara do Estado, exercem o poder. A teoria do Estado e do Direito jamais serviu, até agora, apenas à idéia de uma ciência objetiva, mas também à política, que não deve ser necessariamente política-partidária, apesar desta também ocupar aqui bastante espaço. É suficiente que seja política, porquanto é a tentativa de afirmar o Estado como tal, falseando os resultados de um conhecimento cujo conteúdo interessa apenas na medida em que beneficie o Estado, qualquer Estado, o que quer dizer: servindo para fortalecer a sua autoridade. Neste ponto a assim chamada ciência do Estado não difere da ciência de Deus. Esse tipo de teoria do Estado é, em suma, um parente próximo da teologia.

Por essa razão, uma orientação que realmente desenvolve a teoria do Estado como ciência do espírito e que, como a Escola de Viena, sem nenhuma consideração ditada por interesses políticos, leva a sério a teoria de que o Estado não é, absolutamente, uma realidade natural mas "somente" uma construção espiritual e que sem temor assume todas as conseqüências dessa concepção, sem se desviar através de uma posterior reinterpretação do espírito como natureza, deve ser ferozmente combatida. Se não existisse um motivo político por trás dessa luta científica, seria difícil compreender a sua violência, já que no primeiro plano parecem importar apenas nuances metodologicamente diferenciadas das formulações. Seria grotesco se essa luta contra uma teoria rigorosamente coerente com as ciências do espírito fosse conduzida em nome da ciência do espírito. Autores mais ingênuos do que Smend, que se declaram mais abertamente em favor do "Estado como super-homem", como Hold-Ferneck[24], por ele citado como garantia, dizem explicitamente

---

24. Alenxander Hold-Ferneck, "Der Staat als Übermensch, zugleich eine Auseinandersetzung mit der Rechtslehre Kelsens", 1926 (v. tb. a minha resposta "Der Staat als Ubermensch. Eine Erwiderung", 1926).

o que os leva à luta contra a teoria normativa do Estado da Escola de Viena: o fato dessa teoria representar um perigo para o Estado[25]. Quem nega a "realidade" do Estado põe em perigo a sua autoridade; assim como quem não vê em Deus uma realidade transcendente mas apenas a expressão da unidade do mundo, não um poder ou uma onipotência espiritual-corporal, mas uma construção do espírito, diminui a autoridade divina. No entanto, Smend não invoca imediatamente a intervenção do Procurador do Estado contra essa doutrina errônea, ao contrário de Hold-Ferneck. Pois este último tornou o caminho que conduz ao Estado como super-homem mais difícil do que aquele que, como Smend, não parte da tese segundo a qual o "Estado não é um ser real em si" porque "falta-lhe o 'em si' da realidade psicofísica da vida". Mas também Smend não se impõe nenhuma restrição ao exibir a segura consciência de ter chegado enfim ao Estado como ente poderoso que "deve ser soberano em seu próprio território" e que "só é real" se "domina por direito e através da real irresistibilidade do seu poder". Portanto, ele reprova na Escola de Viena a coerente firmeza em sustentar que o Estado não possui uma realidade no sentido de uma realidade psicofísica: ela seria, por isso, "apolítica", "no sentido de uma extrema indiferença interior em relação ao Estado" (p. 3). E como o ideal político de Smend é contrário ao liberalismo, ele denomina essa "indiferença interior em relação ao Estado" um modo "liberal" de pensar que permite não só reconhecer que o Estado não é uma parte da realidade psicofísica da vida, mas o obriga a tirar desse juízo todas as suas conseqüências. Ora, a teoria do Estado da "teoria pura do direito" não é "liberal"; ninguém eliminou tão energicamente como eu da teoria do Estado os juízos de valor liberais[26]. Mas "apolítica", "no sentido de uma extrema

---

25. V. o meu trabalho "Der Staat als "Übermensch", p. 24.
26. V., p. ex., *Allgemeine Staatslehre*, pp. 31 s., 44, 55 ss., 91, 186, 337. A teoria normativa do Estado da "teoria pura do direito" é mal compreendida pelo lado conservador como pelo liberalismo, em particular por Carl Schmitt; *Verfassungslehre*, 1926, p. 55 – ou é declarada exatamente como o contrário

indiferença interior em relação ao Estado, entendido como objeto de conhecimento científico, isto a Escola de Viena é, ou, pelo menos, procura sê-lo com todas as suas forças. Nada é mais significativo para uma "ciência" do Estado politicamente orientada – embora orientada em sentido politicamente conservador como a de Smend – quanto o fato de denunciar a objetividade científica como liberalismo. Isto também poderia fazer, e seguramente o faz, uma teoria marxista do Estado. Assim como teólogos de todas as religiões acusam de ateísmo os representantes da ciência objetiva da religião, da mesma forma Smend acusa de ceticismo, ou mesmo agnosticismo, uma doutrina que francamente não é capaz de entender – como a sua – uma realidade psicofísica da vida do Estado e, todavia, não representa este último – como ele faz em função do seu modo "político" de pensar e de participação no Estado – como "parte da realidade". Ele fala de um "fracasso daquela teoria" (p. 3) e acredita seriamente tê-la derrotado com a objeção segundo a qual ela justificaria e simultaneamente exaltaria "a incerteza do nosso posicionamento prático, em vez de contribuir com a clareza e a segurança necessárias e tão urgentes para a Alemanha" (p. 3); e fala continuamente de uma "reflexão gnosiológica", pretendendo, na verdade, referir-se a uma determinada opinião política, cuja respeitabilidade não deve ser posta em dúvida, mas cuja relevância para um empreendimento científico deve ser vigorosamente combatida. Se o seu objetivo declarado é a produção de uma "posição prática", desejável sob qualquer ponto de vista, então ela não pode mais ser considerada ciência, mesmo se usasse um disfarce científico.

---

por escritores socialistas, especificamente como fascismo por Hermann Heller, *Europa und der Faschimus*, 1929, pp. 16 s. Isso me parece a melhor prova de que ela não é nem um nem outro, mas que é uma teoria objetiva do Estado. E por isto deve ser combatida pela direita e pela esquerda, isto é, sob o ponto de vista do "formalismo". V. o meu ensaio "Juristischer Formalismus und Reine Rechtslehre", in *Juristische Wochenschrift*, 1929, vol. 23. Além disto: Marg. Kraft-Fuchs, *Einige Prinzipielle Bemerkungen zu Carl Schmitts Verfassungslehre*, Zeitschr. für öffentl. Recht, IX, 4.

Servir-se das formas científicas como meio para determinação da vontade dos homens é característica própria da teologia. Smend representa um caso clássico de teologia política e em sua natureza mais íntima ele é um teólogo do Estado.

Como tal, quer dizer, pelo amor à tendência política que ele considera, no interesse da Alemanha, urgentemente necessária, deve empreender a vã tentativa, que contradiz seus pressupostos metodológicos, de demonstrar a realidade natural do Estado como realidade da vida e o Estado como unidade na esfera da realidade psicofísica. É apenas isto e nada mais o que Smend tenciona quando procura, no intuito de responder a acusação de contradição, obscurecer o verdadeiro sentido dos seus esforços, definindo a realidade da vida, dentro da qual ele busca a unidade do Estado, como "espiritual". Da mesma maneira os teólogos afirmam que Deus é um "espírito" e atribuem-lhe qualidades que apenas um ser corpóreo-espiritual pode possuir. Essa ambigüidade do "espírito" é uma herança da teologia judaico-cristã. A equivocidade do conceito teológico de Deus, este é o método das "ciências espirituais" que Smend faz ressurgir na teoria dos "dois lados" do Estado. Como conseqüência, a afirmação da "realidade espiritual do Estado" deve levar à afirmação de que o Estado é "real", tanto na esfera do espírito quanto na esfera da vida, isto é, da natureza; que ele constitui, portanto, um todo fechado dentro desses dois âmbitos, que ele é uma unidade tanto ideal quanto real, que ele é a unidade de uma estrutura de sentido, de um sistema de normas e, ao mesmo tempo, também a unidade desse sistema independentemente de processos reais psicofísicos, ou seja, uma unidade vital. Que e de que modo essas duas unidades coincidem: essa coincidência da realidade espiritual com a natural, que se faz passar impropriamente por uma única realidade da vida espiritual e que, na verdade, é uma harmonia pré-estabelecida do espírito das leis do valor com a natureza espiritual-corporal das leis causais: isto é, acreditem, um milagre!

2. O Estado como "círculo fechado"

A concepção doutrinal de Smend pode ser mais bem conhecida por sua polêmica contra a teoria normativa do Estado do que por sua representação positiva inteiramente ambígua; assim como todo o seu escrito não pode ser entendido senão em oposição a esta teoria. A teoria do Estado da Escola de Viena sustenta que a unidade do Estado só pode ser fundada na esfera normativa, que é simplesmente a unidade de um ordenamento do dever-ser, que a existência e a realidade do Estado consistem na validade de um ordenamento jurídico que se afirma como esquema de interpretação para uma variedade de atos humanos, os quais encontram a sua unidade apenas na unidade sistemática de normas que lhes confere o sentido específico de atos estatais. Sem essa referência, suposta como válida, ao ordenamento normativo não seria possível escolher, entre as inúmeras ações (e omissões) humanas, aquelas que devem valer como atos do Estado e que devem ser imputadas a ele; e nem ao menos seria possível colocá-las naquela unidade específica que chamamos Estado. Se abstrairmos a legalidade das normas, os atos humanos só poderão ser correlacionados do ponto de vista da causalidade e, por se tratarem de atos psicofísicos, da motivação e, em particular, da interação psicofísica. Este tipo de correlação não pode jamais conduzir à unidade do Estado, como demonstrei detalhadamente. A teoria tradicional do Estado sustenta – e até nisso apresenta-se como teoria dos "dois lados" – que o Estado, prescindindo-se de um "seu" (mas por que "seu"?) ordenamento normativo, representa uma unidade real, isto é, construída através de uma interação, ou um tipo similar de conexão que se pode definir como causal, de homens que – através do ordenamento jurídico válido para eles – representam igualmente uma unidade normativa. Smend retoma da análise crítica da teoria normativa do Estado essa concepção já estabelecida. Todo o seu método das "ciências do espírito", como demonstrado, consiste apenas em confundir o dualismo de espírito e natureza, de esfera normativa e esfera causal, de modo que a unidade ganha numa delas possa ser considerada como existente na outra: no fundo tal método tem como fim somente restaurar a idéia tradicional de que o Estado é uma unidade real, ou seja, uma unidade de interação e que, secundariamente, é uma unidade ideal, isto é, normativo-jurídica. Smend declara, contra a teoria normativa do Estado da "teoria pura do direito" que "não se pode duvidar da realidade do Estado como união dos que a ele pertencem juridicamente" (p. 16). Portanto, o Estado não é apenas uma unidade jurídica mas também uma unidade de fato. Em outro ponto diz que "naturalmente a realidade estatal que se quer explicar aqui é sempre, ao mesmo tempo, juridicamente disciplinada. Mas é errado" encontrá-la, a saber, encontrar a "realidade" do Estado, da forma como faz a Escola de Viena, à qual Smend reconhece aqui a atribuição de uma "realidade" ao Estado – "exclusivamente no normativo e negar a relação real de todos os que pertencem ao Estado, no sentido desenvolvido no texto" (p. 17). Se levarmos em conta que, segundo Smend, a legalidade do espírito é uma "legislatividade normativa" (p. 25), então aquela "realidade" do Estado que, ainda segundo Smend, não segue a legislatividade da norma certamente significa: não é normativa aquela "efetividade" da associação estatal em função da qual ela não é uma unidade apenas jurídica ou apenas normativa ou, segundo a legislatividade da norma, não pode ter senão um caráter natural, isto é, causal ou recíproco; o que significa que não pode ser uma realidade espiritual. Já que a esfera do espírito é, para Smend, aquela da legislatividade da norma, a unidade ou realidade do Estado deve ser colocada – pelo menos segundo as suas mais recentes asserções – sobretudo, e em primeiro lugar, além dessa esfera normativa, ou seja, da esfera do espírito e, somente em segundo lugar, também dentro dela. O fato de ela ser, todavia, ao lado de sua realidade "material", também uma realidade normativa, isto é, normo-legislativa, representa, propriamente falando, um papel secundário. Que a "realidade", por assim dizer, efetiva do Estado, que está ao lado da normativa, antes de a preceder, que as relações "reais" dos cidadãos – que fundam a unidade real e não exclusivamente espiritual-normativa do Estado e que estão ao lado, ou melhor, diante das relações legais fundantes da unidade jurídica do Estado –, que a "fatualidade"da união estatal, independentemente de seu caráter jurídico, que toda essa realidade do Estado, como Smend deseja mostrar, nada mais é do que uma realidade natural, determinada pelas leis da causalidade científica e, especificamente, segundo a categoria da interação espiritual-corporal – eis o que Smend, sob a impressão da crítica da Escola de Viena, pretende, mas não pode evitar – resulta claramente das explicações que ele apresenta sob o título *O Estado como união real de vontade*. Pois o que ele aqui tenta fazer nada mais é do que rebater os argumentos que levantei contra a suposição de que o Estado é uma unidade natural, real-psíquica, existente no mundo dos fatos psicofísicos, determinado de forma causal e constatável, sem relação com um sistema de normas previamente aceito como válido. E Smend nem ao menos percebe que com isto ele se coloca em contradição com a sua idéia fundamental antinaturalista, que refuta todo conhecimento causal e, em particular, toda psicologia e, exatamente por isso, deve fazer parte das ciências do espírito.

Novamente Smend procura um apoio em Litt para conquistar a unidade real dos homens pertencentes ao Estado, ou melhor, o Estado como "união real de vontades"sem relação com uma esfera normo-legislativa. Por isso Smend chega exatamente a definir o Estado como "círculo fechado" (*geschlossener Kreis*), no sentido da análise estrutural de Litt (p. 13), coisa que o próprio Litt abstém-se até mesmo de tentar. Porém, a aplicabilidade dessa categoria ao Estado não é particularmente explicada tampouco por Smend. Ele se limita à simples afirmação. Um "círculo fechado" é representado por uma multidão de homens (devem ser mais do que dois) enquanto cada um deles encontra-se em uma relação de "reciprocidade" com o outro. Esta "reciprocidade" é essencialmente uma correlação psíquica entre homens; é, no fundo, a interação psíquica de Simmel, mesmo que Litt não o reconheça totalmente. Mas não é esse o ponto. Porque, mesmo admitindo que a "reciprocidade" de Litt se diferencia, de alguma forma, da "interação" de Simmel, não é possível afirmar que os homens pertencentes ao Estado formam um "círculo fechado", uma vez que a maioria deles nada sabem, direta ou indiretamente, uns dos outros, nem se encontram na condição essencial, isto é, fundante da essência, de relações recíprocas de compreensão representadas pelo "círculo fechado", constituído através da "reciprocidade". Essa natureza do "círculo fechado" deve, desde o início, fazer parecer vã toda tentativa de representar o Estado como uma tal formação social. À parte o fato de que o Estado só poderia ser considerado como unidade real de tais correlações entre homens se fosse provado seriamente que relações desse tipo existem realmente entre todos aqueles que se definem como pertencentes ao Estado. Além do mais, acredito que se Smend, representando o papel de "sociólogo" e não de puro docente de direito do Estado, tivesse que responder à pergunta sobre se um determinado indivíduo pertence ao Reich Alemão, não iria primeiramente examinar a alma desse indivíduo em busca de "interações" ou "reciprocidades". Mas não é só inútil querer provar o Estado como "círculo fechado" no sentido mais restrito e original, ou seja, na terminologia de Litt, como "círculo fechado de primeiro grau" onde "cada um" deve pôr-se em relação direta com o "outro"; mas é igualmente impossível conceber o Estado como "círculo fechado de segundo grau", que se formaria, segundo Litt, com a "expansão sucessiva e simultânea" do "círculo fechado de primeiro grau" por meio da, assim chamada, "mediação social". O resultado dessa mediação social deve ser mostrado com as próprias palavras de Litt, para quem "o efeito extensivo da mediação social abrange tanto a dimensão vertical quanto a horizontal". Segui-lo significa anular a limitação acima estabelecida do número dos que pertencem simultaneamente ao círculo. Em seu lugar deveria colocar-se, segundo o nosso modo de perceber, que isola os aspectos do problema, a exigência de que se evite toda substituição da existência pessoal. Portanto, aqui a mediação social ligaria, vale dizer, viria a formar os elos daquele círculo ao qual, ao mesmo tempo, pertence sem, no entanto, jamais entrar numa relação imediata, mas mediada pela intervenção de um elemento pessoal intermediário ligado a ambos. Neste caso podemos adotar o esquema estabelecido acima, interpretando-o, porém, de outra forma, de tal modo que a relação simultânea daqueles que se dispõem paralelamente deveria assumir o lugar do alternar-se daqueles que se sucedem. E também aqui se vê: não se opõe à multiplicação dessa conexão pessoal nenhum limite. Dentro do possível, a expansão do círculo, tanto na sucessão temporal quanto nas dimensões espaciais, vai ao "infinito" (p. 271). Que o Estado não possa ser um tal círculo estendido através da mediação social resulta já do fato de o círculo do Estado possuir certos limites – determináveis naturalmente apenas a partir do ordenamento normativo –, quais sejam, pessoais, territoriais e temporais, nos quais aquelas formações que Litt define como "círculo fechado" de primeiro grau ou segundo grau, não se fixam totalmente. Simplesmente não se pode entender por que a conexão real de experiência definida como "círculo fechado" deve incluir todos os que pertencem ao mesmo Estado – no fundo esse parentesco deve ser definido, antes de tudo, sob o ponto de vista jurídico – e sobretudo: por que ele deve limitar-se apenas aos que pertencem ao mesmo Estado em vez de correlacionar membros de Estados diversos, que se diferenciam no espaço e no tempo. Se fosse possível definir a unidade dos homens (ou dos atos humanos) que formam o Estado e que a ele pertencem "sociologicamente", isto é, independentemente da unidade do ordenamento normativo que estabelece esses atos; se existisse um conceito "sociológico" do Estado independente do jurídico; se a pergunta sobre o pertencer "sociológico" de um indivíduo que faz parte de um Estado pudesse ser respondida por critérios totalmente diferentes daqueles relativos à pergunta se esse indivíduo pertence "juridicamente" a este Estado; e se não fosse dada outra razão pela qual o critério jurídico da cidadania deve estar sempre ligado ao critério sociológico – que é totalmente diferente porque é posto por uma reflexão de outro tipo –: neste caso, não se poderia evitar que um homem pertença "juridicamente" a um Estado sem pertencer "sociologicamente" a ele e vice-versa; e assim deveriam existir dois grupos sociais diferentes entre si, e descrever a ambos como "Estado" seria um erro inadmissível.

Apesar dessa objeção fundamental, e até agora não refutada, desenvolvida no meu trabalho *Conceito sociológico e jurídico do Estado*, Smend tenta atingir um conceito sociológico de Estado independente do jurídico, definindo o Estado como "círculo fechado" no sentido de Litt. Mas o que Smend apresenta para fundamentar sua asserção é muito pouco. Depois de admitir inicialmente que se aproxima da concepção correta ao conceber a "realidade espiritual-social" como um "sistema de ações recíprocas" – mas ele deveria refutar de fato essa teoria da reciprocidade por razões técnicas (p. 11) –, ele opõe-se a minha asserção – segundo a qual "a soma dos que pertencem ao Estado por direito" "não coincide com o círculo dos que estão de fato numa relação de interação espiritual exigida pelo vínculo estatal real; que, portanto, o conceito de Estado de toda a sociologia do Estado não poderia ser o de uma observação da realidade mas apenas o de uma formação normativa de meros conceitos jurídicos" – com o grito de guerra: "diante disso a exatidão da hipótese dominante, isto é, da realidade do Estado 'sociológico' e sua identidade com o objeto do Direito do Estado, constitui a premissa essencial da análise a seguir" (p. 14). Isto, evidentemente, significa que Smend mantém a realidade do Estado como "interação psíquica" entre homens que pertencem ao Estado também juridicamente. Ocasionalmente ele mesmo afirma de maneira explícita: o Estado é "uma relação de experiências vividas duráveis e homogêneas que motivam os que a ele pertencem" (p. 47). Se a motivação não parte de um sujeito supra-individual, psicocorporal, ela só pode ser uma interação entre os homens, só pode ser uma interação motivacional que une os homens que pertencem juridicamente ao Estado, formando uma unidade que é real apenas nesta interação psíquica. E assim Smend coloca-se novamente sobre o fundamento da teoria da interação para comprovar o Estado como "círculo fechado".

Antes de tudo ele examina a cidadania "de fato", isto é, a sociológica e não a jurídica, do "cidadão conscientemente ativo" (pp. 14-5). Ao fato de este dever encontrar-se permanentemente "numa relação formadora da essência" com todos os outros membros da comunidade opõe-se já "à primeira vista a incomensurabilidade do número e, sobretudo, do comportamento político dos outros, assim como a incomensurabilidade do conteúdo material da sociedade política". Mas "apesar disso permanece a relação aqui em questão". Em que ela consiste? A lacônica resposta a esta pergunta é: consiste "em primeiro lugar" – mas a este "em primeiro lugar" não se segue nenhum "outro" – "no sentido de uma possibilidade de compreender o âmbito estatal". Já é muito estranho que a "realidade", a unidade real do Estado sociológico, a ligação entre todos os cidadãos através de interações psíquicas, deva consistir no fato de existir uma "possibilidade". Esta possibilidade – poder-se-ia objetar – ainda não é uma realidade, mesmo parecendo que é propriamente dela que aqui se trata. E ainda mais estranho é o modo da possibilidade: uma possibilidade de "compreender"; mas quem "compreende" e quem, ou que coisa, é compreendido, ou melhor, pode ser compreendido? Sustenta-se que é o "cidadão consciente ativo" aquele que tem a possibilidade de compreender o "âmbito estatal". Mas o que é este "âmbito estatal"? Poderia ser o Estado no qual vive o cidadão e que forma – com uma imagem – "o âmbito estatal" do cidadão. Mas esta seria uma *petitio principii*. Pois o Estado "real" não pode consistir no fato de que o cidadão tenha possibilidade de compreendê-lo; portanto, "âmbito estatal" deve, certamente, ser concebido como: os outros cidadãos do mesmo Estado. Isto significa: a conexão real dos homens pertencentes ao Estado deve consistir no fato de um indivíduo poder compreender o comportamento do outro. Mas qual comportamento? Não é possível que seja apenas o comportamento "estatal", pois tratar-se-ia, mais uma vez, de uma *petitio principii*. Portanto, deve-se provavelmente sustentar que o que pode ser compreendido é qualquer tipo de comportamento do outro. Smend acredita poder precisar que numa comunidade mais ampla devem ser criadas "técnicas particulares que tornem possível a compreensão" e, por fim, fala de "uma ilimitada possibilidade de compreensão" (p. 15). E, de fato, esta "possibilidade de compreensão" é ilimitada. Ela une quase toda a humanidade em um círculo, desde que se trate apenas de uma potencialidade e não de uma possibilidade efetiva de compreensão. Mas de que forma pode-se derivar disso a unidade de um Estado, o Estado como "realidade" e, acima de tudo, entendido não como mera união real do compreender, mas como "união" real da vontade, enquanto o que está em questão é, sobretudo, exclusivamente a unidade de uma coerência do "compreender"? Que os indivíduos juridicamente pertencentes a um mesmo Estado compreendam-se reciprocamente de modo melhor ou mais intenso que em relação àqueles que pertencem a outros Estados, de forma que o Estado seja um círculo de homens no interior do qual a realidade ou a possibilidade do compreender tenha um grau mais alto do que entre outros homens, isso Smend não pode sustentar. Entre as técnicas particulares que tornam possível a compreensão ele menciona – em concordância com Litt: "principalmente informações sobre o conteúdo material da experiência política da comunidade e sobre os fluxos de vontade política dos concidadãos que se conformam constantemente, de modo elástico, à necessidade de compreensão do indivíduo e, sobretudo, lhe fornecem em perspectiva a possível imagem da relação coletiva e, com isto, a possibilidade da co-experiência ativa" (pp. 14-5). Por isso os jornais trazem informações – acima de tudo, o cidadão ativo é sociologicamente um leitor de jornais e por "informações" Smend obviamente entende, antes de tudo, os jornais – sobre os eventos políticos nos mais diferentes Estados. E, enquanto oferece a "possibilidade da co-experiência ativa", a "informação" garante, com isso, a participação em quase todos os Estados do mundo. Isto evidentemente não pode ser o "participar do Estado" que o conceito de "cidadania" significa. Mas a "relação global" da qual as "informações" dão uma imagem não é aquela do Estado ou do próprio Estado, nem poderia sê-lo, porque essa "relação global" só pode ser formada pela possibilidade de compreender, ao passo que através das "informações" pode, no máximo, ser reforçada. Através dessas "informações" cria-se a possibilidade da "co-experiência" dos eventos mais variados – não só os de tipo político. Pode-se imaginar que um trabalhador alemão sinta-se determinado a uma "co-experiência ativa" através de um artigo de jornal sobre uma greve de mineiros na Inglaterra da mesma forma que através de um relatório sobre uma catástrofe numa mina dos Estados Unidos. Como se pode chegar por este caminho da "possibilidade ilimitada de compreensão" a uma união real de todos os cidadãos do Reich Alemão, constituída mediante uma permanente "interação" ou "formação recíproca da essência", uma "união real da vontade" à qual somente estes mesmos cidadãos pertencem? Apesar do uso freqüente das palavras "perspectiva" e "reciprocidade", Smend deixa esta pergunta sem resposta e passa simplesmente à questão da "cidadania de fato" dos "membros mais ou menos passivos" do Estado. A minha observação incidental segundo a qual não se pode, a bem da verdade, dizer dos que estão dormindo, mesmo se pertencerem juridicamente ao Estado, que estão em interação com todos os outros cidadãos traz dores de cabeça especiais para Smend. A fim de me refutar ele pede o auxílio da "fenomenologia e da metafísica do tempo" (p. 15). Assim, eu deixo ao Estado sociológico real os que estão dormindo, quando este só pode abranger os que estão acordados[27]. O modo pelo qual Smend pensa os cida-

---

27. Talvez Smend pudesse citar contra mim a afirmação de Heráclito: "também os que estão dormindo trabalham e participam do que acontece no Universo". Fr. 75 (Diels). Mas eu deveria citar aqui uma outra palavra deste filósofo: "para os que estão acordados só existe um mundo comum: mas no sono cada um volta-se a um mundo particular". Fr. 89 (Diels).

dãos "passivos" é, infelizmente, apenas indicado, por exemplo: "também quando se desce às profundidades da 'multidão passiva' e da 'massa morta', permanece certamente lá embaixo um elo dessa ligação para qualquer um que, ao menos uma vez, tenha-se empenhado em compreender o seu vínculo à vida estatal, por exemplo, através da participação nos destinos das guerras mundiais, e a todos aqueles que não romperam completamente desde então essa – em grande parte involuntária – união da vontade (por exemplo, abandonando o Estado)" (pp. 15-6). Qual é a ligação da qual permanece um elo aos que participaram "nos destinos das guerras mundiais?" Só pode ser um elo dos grilhões das guerras mundiais, que nada tem a ver, na experiência dos que participaram da guerra, com a unidade do Estado, já que esses experimentaram o treinamento da caserna, as trincheiras, os movimentos de ataque, o rufar dos tambores e milhares de outros detalhes que no seu mosaico complexo (mosaico da experiência) representam tudo exceto a unidade real do Estado sociológico e, menos ainda, do próprio Estado, uma vez que, também na experiência dos participantes da guerra mundial, participaram "representantes" de diversos Estados. Deixando de lado o exemplo da guerra mundial, resta a afirmação segundo a qual quem foi apanhado, ao menos uma vez, na conexão da vida estatal, permanece um elo desta conexão. Isto, evidentemente, não pode ser uma resposta à pergunta sobre em que consiste essa conexão e por que ela abrange apenas e totalmente aqueles que pertencem juridicamente a um Estado; esta é a pergunta que Smend deveria responder. E ele, para dizer a verdade, dá a resposta; só que esta lhe escapa, porém, entre parênteses. Em que consiste, portanto, essa conexão real da vontade e da experiência e por que ela abrange justamente todos os que pertencem juridicamente a um Estado, pode-se deduzir do fato pelo qual, segundo Smend, essa conexão é interrompida através da "saída" do Estado. Este é um fato puramente jurídico. Com ele deveriam ser anuladas as "possibilidades de compreender", destruídos os relacionamentos psíquicos reais de homem a homem que – como sabemos, graças à "fenomenologia e metafísica do tempo" – continuam a agir mesmo naquele que está dormindo? O conhecimento que devemos a essa metafísica e fenomenologia, vale dizer, "que o conteúdo da experiência atual contém em si, como momento, também o passado" (p. 15), não teria nenhum valor para aquele que muda a sua nacionalidade? Deveria ele, juntamente com a cidadania jurídica, trocar, automaticamente, também a "sociológica"? Deveria verdadeiramente a "reciprocidade" ter, através deste ato jurídico, mudado de direção, e deveria a "possibilidade de compreender" ser encontrada em outro lugar? E se alguém fosse tão malicioso para mudar de um Estado sem mudar sua residência, ou seja, o "âmbito estatal"? "A filiação jurídica significa aqui", diz Smend imediatamente a seguir, "uma forte inserção de fato" (p. 16). Mas como ela desaparece sem deixar rastro com a anulação da filiação jurídica, certamente deve-se colocar em dúvida a sua "efetividade" e considerar a "união de vontade" em questão como puramente jurídica. Smend não consegue sair de sua pele jurídica, mesmo ao pintá-la com todas as cores de guerra da "ciência sociológica". Eu sei perfeitamente que – aos seus olhos – faço-lhe, com essa observação, a mais severa repreensão. Pois isto é que é estranho: que hoje esses docentes de teoria do Estado e os professores das faculdades de Direito, perdidos numa "sociologia" nebulosa, não possam dizer nada de mais grave um do outro – Smend, por exemplo, dirige tal crítica a Carl Schmitt, que também é voltado à "sociologia" (p. 61) – senão que levam adiante uma teoria jurídica do Estado.

E com isso eles se servem de uma técnica jurídica específica – uma das mais dúbias, a propósito –, a técnica da ficção. Depois de acreditar ter provado que também aqueles que estão dormindo encontram-se numa "relação formadora da essência", uma vez que estão também em uma interação psíquica real com os que estão acordados – admitindo, naturalmente, que pertençam ao mesmo Estado –, Smend começa a combater uma outra dúvida que, por descuido, me escapou, procurando provar que os doentes mentais e as crianças também pertencem ao círculo fechado da "reciprocidade" ou da "possibilidade ilimitada de compreender". "E mesmo se aquele que é totalmente privado de razão não pode participar do Estado como união espiritual, porque ele mesmo não é um ser espiritual, é, não obstante, tratado, em respeito ao fragmento de natureza humana que juridicamente e factualmente representa, como se efetivamente participasse. A criança, por outro lado, encontra-se, do início ao fim de seu processo de crescimento e antes mesmo de qualquer educação endereçada a este fim, imersa em inúmeras relações e na intenção de pertencer a um Estado que não está também de todo apagado na maior parte dos doentes mentais" (p. 16). Portanto, o "Estado como união espiritual", o que, evidentemente, é o mesmo que dizer "união real de vontade", está pronto e terminado e a pergunta que se faz é, exclusivamente, se os doentes mentais e as crianças "participam" dele. Não obstante Smend ter ficado até agora devendo a prova acerca do modo pelo qual esse Estado seja substancialmente concretizado como união real de vontade dos dormentes, loucos e crianças. Para os adultos mentalmente sãos, que não estão dormindo, ele se contenta em assegurar que existe entre eles uma ilimitada capacidade de compreender. E agora não importa mais se os homens, de cuja pertinência ao Estado real se trata, encontram-se numa correlação de mútua formação do caráter, mas que simplesmente sejam, de algum modo, "tratados". Todavia, de acordo com o princípio da reciprocidade ou da interação, provavelmente não bastaria que os doentes mentais ou as crianças fossem tratados por alguém – a propósito, por quem? – mas também poderia acontecer de eles "tratarem" os outros como eles mesmos são tratados. O que, sem dúvida, seria possível se eles não fossem "totalmente privados de razão" ou ainda usassem fraldas. Mas para que tais considerações tão mesquinhas? Como jurista experiente, de um único golpe superam-se todas as dificuldades. De fato, não tem nenhuma importância para uma reflexão voltada à "realidade" se esses doentes mentais ou crianças fazem parte do Estado, ou seja, se estão em determinadas correlações espirituais conscientes. É suficiente constatar que são tratados "juridicamente" (ainda que isto seja realmente duvidoso) como se dele fizessem parte. Mas se o respeito por um "fragmento de humanidade" já nos faz tratar os doentes mentais "como se" fizessem parte do Estado, e se esse quinhão de "como se" bastasse para supor uma correlação "real", tanto mais deveria o respeito pela humanidade não reduzida dos mentalmente sãos acabar por fazer com que estes sejam tratados "como se" fizessem parte do Estado enquanto união espiritual; e se um ou outro, por um motivo qualquer, realmente não fizer parte, isto perturbará muito pouco a "realidade" da união de vontade que os compreende. Considerando a força decisiva desse método das ciências espirituais do "como se", não se pode compreender por que Smend, ao fim, enfraquece a suposição acerca do totalmente destituído de razão não fazer parte do Estado de alguma forma, novamente mediante a afirmação – agora a ser verificada pelos psiquiatras – segundo a qual a "intenção de pertencer ao Estado" – e isto bem pode ser só a vontade ou a intenção de pertencer a um Estado – "não está totalmente extinta na maior parte dos doentes mentais". Quando é que estes serão inseridos em todos os ardis do "como se"? Esta realidade do "como se" é a verdadeira realidade efetiva do jurista "sociológico"! Em vez de dizer: é indiferente, em relação a pergunta sobre se alguém pertence ao Estado, se ele está em uma conexão vital recíproca, porque o pertencer ao Estado é algo jurídico-normativo e não natural-efetivo, ele diz: o Estado é uma conexão recíproca real de experiência dos homens que o constituem; ao Estado só pertence quem participa desta conexão de experiência; e dele faz parte quem é tratado como se fizesse parte.

Por essa via já se deu prova do Estado como "união real de vontades" ou – o que dá no mesmo – como "vontade total", antes de Smend e sem a pretensão de fazer com isso uma "sociologia das ciências espirituais". Os homens que pertencem a um Estado querem a mesma coisa, a saber, o mesmo ordenamento estatal: pois eles são tratados por este ordenamento como se todos conhecessem e concordassem com o seu conteúdo. Esta é a velha e boa ficção da legitimação. A necessidade de legitimar o ordenamento estatal leva a simular aquilo que, do ponto de vista de um certo sistema de valores, poderia constituir um motivo para a validade do ordenamento estatal como fato real. O mesmo esforço em reforçar a autoridade do Estado leva Smend à sua ficção – que ao fim se desmascara por si mesma – da realidade da união estatal. O fato é significativo, na medida que a sua ficção desemboca na mesma idéia da velha teoria da legitimação quando, no fim, faz aparecer Estado como "união real de vontade", apesar de não indicar com uma só palavra o modo pelo qual se passa de uma conexão recíproca de "compreensão" a uma conexão de "vontades". De fato, também a teoria do "círculo fechado" de Litt não desempenha nenhum papel ulterior no decorrer do escrito de Smend. O próprio Smend parece sentir que a "realidade do Estado" procurada por ele não pode ser comprovada por essa via. Depois de acreditar ter demonstrado a pertinência de fato dos cidadãos ativos mediante a afirmação de uma ilimitada possibilidade de compreender e dos cidadãos passivos, quer dizer, dos que estão dormindo, dos incapazes e das crianças mediante o apelo à "fenomenologia e metafísica do tempo" e, enfim, mediante a introdução do exame do "como se", acreditando com isso ter dado prova do Estado como círculo fechado, ele declara que "não se pode duvidar da efetividade do Estado como união dos que pertencem a ele juridicamente" (p. 16). Não obstante, penso que esta efetividade é um problema maior do que a teoria dominante imagina. Na verdade, a "realidade" dessa "efetividade" – ou seja, a realidade dessa realidade – não está em discussão do ponto de vista da teoria do conhecimento; essa efetividade do Estado é, acima de tudo, um "problema prático". Isto significa, segundo outros autores, que não é um dado, mas algo a ser realizado, uma tarefa, um postulado, não um ser mas um dever-ser; o que se põe, naturalmente, em contradição com todas as afirmações precedentes. E, com efeito, parece que também em Smend um tal pensamento desempenha um certo papel, uma vez que ele, ao prosseguir, afirma que a efetividade do Estado "não é um fato natural – a efetividade não é de maneira nenhuma um fato natural – mas uma conquista cultural" a qual, enquanto "carente de uma renovação constante", é, por isso mesmo, sempre "posta em questão" (p. 17).

Entretanto, já na frase seguinte aparece novamente o pensamento que sustenta ser a realidade do Estado apenas um postulado – o que significa que o Estado é só uma unidade normativa. "Como em qualquer grupo, mais particularmente no Estado, uma parte relevante, senão a parte fundamental, dos seus processos vitais consiste numa constante auto-renovação, nesse contínuo re-compreender e re-unir os seus membros" (p. 17). Isto significa: a unidade ou a totalidade do Estado não é uma condição de repouso mas um processo de renovação constante, não uma unidade estática mas uma unidade dinâmica; um pensamento que a teoria normativa do Estado da Escola de Viena, concentrando toda a sua sistemática no contraste entre estática e dinâmica[28], afirma com a máxima convicção e que formulou ultimamente da seguinte maneira: o ordenamento jurídico – termo com o qual ela define o Estado – é um "processo perene no qual o Estado se reproduz continuadamente"[29]. Smend acredita ter de assegurar que a "constante auto-reprodução do organismo estatal da Escola de Viena" nada tem a ver com a sua teoria da constante auto-renovação" (p. 71). Com esta "constante auto-renovação" Smend encontrou a palavra-chave para passar a uma teoria completamente nova da realidade do Estado. É esta a teoria da "integração". Ela não possui nenhuma relação com a teoria estrutural de Litt, até agora seguida por Smend, apesar de que ele na introdução sustenta ter fundado a sua teoria do Estado – isto é, a teoria

---

28. Cf. o meu *Allgemeine Staatslehre*, pp. VIII, 229 ss., 248 ss.
29. V. meu trabalho *Justiz und Verwaltung*, 1929, p. 5.

da integração – sobre a análise estrutural da realidade social de Litt. O trabalho de Smend contém, ao invés, duas tentativas, totalmente diferentes e independentes entre si, que se sobrepõem de forma inorgânica e contraditória, de fundamentar a "realidade" do Estado: a teoria de Litt do círculo fechado e a teoria da integração, de Smend.

3. O Estado como integração

a) O conceito de integração

No processo designado como integração – no "núcleo do processo" que, estranhamente para esse combatente de todas as concepções substancialistas do Estado, deve encontrar-se também "a substância essencial" do Estado (p. 18) – está, segundo Smend, "o ponto crucial do princípio estatal no âmbito da realidade" (p. 19). Como para Smend uma "teoria do Estado" significa o mesmo que a tarefa de "compreender sistematicamente a sua realidade" (p. 61), deve-se considerar como o verdadeiro objetivo da sua teoria da integração, o que deve ser sempre fortemente ressaltado, a fundamentação da realidade natural "efetiva" do Estado, negada pela teoria normativa do Estado, independentemente de todo ordenamento normativo. Este objetivo só pode ser alcançado mediante a prova de uma relação específica que abranja a todos e, sobretudo, os cidadãos que pertencem a um Estado real, o que significa aqui: existente independente da relação constituída através de um ordenamento normativo. Este deve ser, para Smend, uma relação psicofísica – coisa que ele naturalmente não admite, não obstante, por fim, a confirme através de todos os seus esforços – uma espécie de interação que não pode ser, obviamente, a relação littiana, estabelecida entre os homens de um círculo fechado, que Smend tomava originariamente em consideração para fundar, por essa via, o Estado como união real de vontade; caso contrário, não se compreenderia porque Smend ainda considera necessário introduzir a "integração", um processo que Litt não encontra em sua análise estrutural da realidade social. Mas também através dessa teoria da integração Smend não se aproxima do seu objetivo, porque com a "integração" ele não cobre completamente um, até agora desconhecido, relacionamento real entre os homens que pertencem juridicamente a um Estado, apenas escolhe uma nova palavra para definir essa tarefa. Pois o que significa "integração"? No prefácio Smend a traduz por "fusão unificante" (p. VIII). Isto já é um pleonasmo, pois toda unificação é uma fusão, e toda fusão, uma unificação. Ocasionalmente ele também utiliza a palavra "síntese" (p. 33) e freqüentemente fala de "união"; em suma, a palavra integração não significa nada mais que uma expressão para indicar a categoria social mais geral que se possa imaginar. Como tal pode ser substituída, sem qualquer perda de significado, pela palavra "união" na medida em que esta significa a função do unir-se e não apenas o produto final, o conjunto. Uma vez que com "integração" pretende-se exprimir o "ser conjunto" não se deve considerá-la como uma condição estática, vale dizer, essa "substância" central não deve ser considerada como "substância existente estaticamente", mas como um processo dinâmico, como "atualização funcional" (p. 18); portanto, a função permanente da unificação e não conjunto concebido como corpo. A tese com a qual Smend pretende liquidar toda teoria do Estado até agora dominante e inaugurar uma nova época desta ciência soa como: "o Estado só existe porque e na medida em que se integra constantemente, construindo-se no indivíduo e a partir deles – e nesse contínuo processo consiste a sua essência como realidade socioespiritual" (p. 20). Se se substituísse essa palavra estrangeira completamente supérflua por sua tradução alemã, o mote da nova teoria do Estado resultaria: o Estado é um processo contínuo de união entre os homens. Na verdade, nada disso é muito original, mesmo quando Smend crê ter iniciado, com a sua teoria da integração, um longo itinerário de pensamento totalmente desconhecido tanto para a teoria alemã do Estado quanto para as teorias estrangeiras (pp. 71, 74). Francamente, o mínimo que se pode dizer do Estado é que ele é uma união de homens. Pergunta-se, apenas, em que consiste esta união. Mas o ponto é exatamente este, que a "integração" não significa, no todo, um tipo especial de união, mas simplesmente a união em geral.

Trata-se, em suma, de uma frase contra a qual, justamente por ser absolutamente insignificante, não seria preciso levantar nenhuma objeção. Mas o próprio Smend abala a crença na tese, por ele apresentada em numerosas versões, segundo a qual a essência do Estado, finalmente descoberta, seria a integração, isto é, a relação unificante entre os homens, já que no prefácio de sua obra ele declara que o "princípio significativo da integração", por ele desenvolvido, "não é o do Estado em si mas o de sua Constituição" (p. VII). Portanto o Estado, seja como "processo vital fundamental" (p. 18), seja como "essência" (p. 20), da qual vem proclamada a integração, isto é, a fusão unificante, não é, de fato, uma "fusão unificante", ou seja, uma "união"? Aquele que é o "processo fundamental da vida", a sua "essência", não deveria ser também seu "princípio de sentido"? Ou é, ao invés, o princípio significativo de sua constituição? Infelizmente, mesmo uma leitura aprofundada do trabalho de Smend não elimina essas dúvidas incômodas. Antes são reforçadas ao encontrarmos frases nas quais a integração evidentemente significa não apenas o princípio basilar, isto é, o "processo fundamental da vida do Estado", mas o Estado em geral, do qual, no prefácio, a "integração" como princípio de sentido é explicitamente excluída. Tome-se por exemplo a p. 57, onde se postula o Estado como sistema de integração e a realidade do Estado como a realidade deste sistema de integração: "se a realidade da vida do Estado apresenta-se como a permanente formação da sua efetividade, enquanto união soberana de vontade, então a sua realidade consistirá no seu sistema de integração, e este, isto é, a realidade do Estado em geral, só é corretamente compreendido quando entendido como efeito unitário de todos os fatores de integração que, em conformidade com a normatividade axiológica do espírito, sempre associam-se constante e automaticamente com um efeito unitário homogêneo". Uma banalidade como esta: que o Estado é uma "união soberana da vontade" e, como tal, real, constitui uma pequena amostra da técnica de Smend, encontrável em qualquer passagem, pela qual, mediante uma quantidade inigualável de tautologias, ele faz parecer significativo um tal lugar comum. Assim, o leitor sem esperanças acaba por se afogar nas contradições da dialética de Smend quando lê que a constituição, da qual a integração é proclamada como princípio – e não do Estado – é o ordenamento jurídico do Estado (p. 78), mas a "vida", ou seja, a "realidade" do Estado, que consiste apenas na integração, deve ser alcançada independentemente do ordenamento jurídico normativo. Como pode o princípio de sentido de um "ordenamento jurídico" ser propriamente aquilo que constitui a realidade independente de todo ordenamento jurídico?

De resto, em face dessas contradições não resolvidas e insolúveis que se encontram, justamente, nas raízes da teoria da integração de Smend, o fato que o significado, no qual o termo principal e fundamental é utilizado, ondule de lá para cá de modo muito relevante ou – para usar a terminologia do método smendiano – oscile, assume um papel relativamente subordinado. Ora é o Estado ou a realidade do Estado, da qual parte a integração como efeito, ora é, ao invés, a integração, através do Estado ou da realidade estatal, a ser posta em relevo. Muitas vezes a palavra integração é usada de tal modo que se pode omiti-la totalmente sem comprometer minimamente o significado. Se anteriormente Smend afirmava que a existência do Estado como eficácia do seu ordenamento depende de cada um se submeter às instituições estatais ou aos seus fatores constitutivos, ele agora afirma: "um pressuposto do efeito de integração conforme ao sentido da vida constitucional" consiste em que "os indivíduos se submetam aos efeitos dos fatores constitutivos da integração estatal" (p. 41). Se antes ele falava da participação mediata ou imediata na determinação da vontade estatal ou da vida do Estado, Smend agora fala de integração mediata ou imediata (p. 42). O fato de se ter experiência do Estado é traduzido por Smend como "ser integrado ao Estado" (p. 47). O fato de o monarca ter uma função simbólica ou de o monarca representar o povo, traduz-se pela afirmação segundo a qual "o monarca 'integra' a totalidade do povo" (p. 28). A função legitimadora da lei chama-se em Smend uma função "integrante" etc. Através dessa tradução para a terminologia da integração não se acrescenta nada ao que há muito já se disse sobre o assunto sem que fosse preciso recorrer ao uso dessa palavra estrangeira; um sinal seguro de que por trás do termo novo não há nenhum novo conceito, nenhum Estado de coisas que não fosse conhecido há muito tempo. E, além do mais, existem os mais diversos estados de coisas a propósito dos quais, quando se faz uso do insignificante termo "integração" – e isto só é possível graças à generalidade quase vazia do seu sentido –, pretende-se dar impressão de haver descoberto um novo estado de coisas.

Essa impressão, porém, dissipa-se rapidamente tão logo é colocada à prova a tentativa, prudentemente declarada apenas "provisória" por Smend, de determinar o processo descrito como integração através da diferenciação dos seus vários tipos e, assim, demonstrar as relações específicas através das quais os homens pertencentes ao Estado são ligados a um todo real efetivo e autêntico de vida existente, independentemente de um ordenamento normativo.

b) Os tipos de integração

Há, em primeiro lugar, a chamada "integração pessoal". Qual é a nova noção contida no capítulo assim intitulado, em que consiste a integração pessoal e de que modo ela constitui a união real de todos os homens pertencentes ao Estado? "A integração pessoal", afirma Smend, "é a integração através das pessoas" (p. 25) e consiste em tudo aquilo que antes de Smend era chamado de "comando". A pessoa "integrante" é o líder, e o problema da integração pessoal é o problema do comando. Portanto, e em primeiro lugar, não se trata senão de uma nova terminologia. E o capítulo em questão de fato contém apenas alguns lugares comuns há muito apresentados sobre o problema do líder expostos na linguagem da integração. Talvez, porém, fosse interessante saber em que consiste a especificidade do comando estatal em relação ao não estatal, visto que tal fenômeno não se limita ao âmbito do Estado. Disso não se encontra nem vestígio. A teoria de Smend nem mesmo é capaz de dar, numa visão de conjunto, uma declaração específica sobre os tipos mais importantes de comando estatal (p. 27). Em compensação, apressa-se em negar a teoria "mecanicista" da liderança, segundo a qual esta consistiria em um problema técnico-social: o líder tem, além da técnica, a tarefa de "afirmar-se como líder dos seus liderados" (p. 27). Por que essa deve ser uma tarefa diferente da técnica – trata-se de um simples pressuposto da função – não se compreende. Essa obviedade, que não necessita de nenhuma prova, é comprovada, não obstante, pelo fato de jornalistas ou ministros que são derrubados assim que perdem o apoio dos seus leitores ou eleitores conservarem o seu séqüito quando fazem aquilo que os seus leitores ou eleitores esperam deles: é o que Smend chama ter unidos em um "grupo" os próprios leitores ou eleitores. Dizer que os homens formam um "grupo" enquanto, como leitores de um jornal, estão satisfeitos com um jornalista ou, como eleitores, com um ministro, é fazer um uso, no mínimo incomum, da língua. Em suma, trata-se de um "grupo" bastante solto. Mas Smend precisa falar aqui de um grupo, pois ele pretende definir essa "atividade profissional" – ou seja, manter os leitores ou eleitores satisfeitos – como "integração". E assim ele tem a base para uma nova noção da teoria do Estado: "o gabinete" de um governo parlamentar "deve integrar o povo todo do Estado em uma unidade estatal" (p. 27), isto é, deve fazer com que todo o povo do Estado esteja satisfeito com o seu governo. Sem dúvida, isto é correto; mas por que apenas o gabinete de um governo parlamentar deve satisfazer todo o povo e não todo o governo em geral? É assegurada à tese de Smend a mais ampla generalidade, pois ela, com sábia modéstia, não sustenta que integrar numa unidade o povo inteiro do Estado através do governo parlamentar – em seguida ouviremos que o parlamentarismo não é, de fato, uma forma de Estado e que, portanto, para um governo parlamentar é particularmente difícil, senão impossível, integrar – constitui a essência de todo governo, mas simplesmente que ele deve fazê-lo. E se ele "integra", ou seja, satisfaz apenas uma parte dos eleitores? Perde-se então a unidade do Estado? Mas deve ter havido governos passados, até mesmo governos parlamentares, com os quais uma maioria do povo estava insatisfeita, o que quer dizer – na linguagem de Smend – governos pelos quais uma maioria do povo não se sentia "integrada". O que não fez, por si só, eliminar a unidade do Estado – afinal, o governo "deve" apenas integrar – mas esse, Smend poderia objetar, não era o governo justo. E já no primeiro exemplo, no qual o conceito smendiano de integração ganha maior consistência, vem à luz uma ambigüidade que põe inteiramente em dúvida o caráter teórico do seu trabalho, uma vez que apresenta a "integração" como princípio político de valor, como fórmula que esconde detrás de uma pretensa noção teorética da essência um juízo político de valor.

O que é demonstrado ainda mais claramente no segundo exemplo de "integração pessoal" fornecido por Smend, vale dizer, o do monarca. Também a natureza do monarca não consiste no seu desempenho técnico-social, isto é, na execução das tarefas que lhe são determinadas pela Constituição, o que seria apenas uma função "facultativa" (p. 28). Ela consistiria, sobretudo, em o monarca ser, em sua própria pessoa, a encarnação, isto é, o "símbolo" do corpo popular. O fato de Smend colocar em primeiro lugar essa função absolutamente secundária do monarca, que evidentemente é só um efeito colateral dos seus deveres técnicos – um monarca simboliza tanto mais o povo quanto maior for a sua competência, isto é, o seu poder, já que este poder é evidentemente o fundamento real para a ideologia que justifica o símbolo –, compreende-se por si só, dada a sua posição fundamental, e não deve mais ser levada em consideração. Tenha-se presente apenas que ele identifica o "encarnar", o "simbolizar" com o "integrar". Com a "encarnação" o monarca realiza a "integração" da totalidade do povo. Como a integração deve ser, em substância, uma relação efetiva, quer dizer, uma relação pela qual todos aqueles que pertencem juridicamente a um Estado são unidos em um conjunto fechado numa união real, proclama-se aqui como realidade uma ideologia e, ainda por cima, muito discutível. E também isso explica-se por si só num autor que vê como tarefa de uma ciência do Estado a criação e afirmação de determinadas ideologias do Estado. Por que – deve-se perguntar aqui – o líder, e em particular o monarca, não integra a totalidade do povo exatamente através da execução de suas tarefas técnicas e, especialmente, através das funções de técnica organizacional? O fato de que ele sanciona as leis, estipula contratos públicos, assume o comando supremo da guerra, não deveria significar a integração real num grau mais elevado do que quando abre o parlamento sentado no trono, com uma coroa sobre a cabeça e o cetro na mão? O "contraste entre atividade e técnica integrantes" assumido por Smend (p. 29) deve ser refutado já a partir da consideração de que a função presumida como integrante não é senão o reflexo da técnica, faz-se acompanhar da função técnica e realiza-se apenas em conseqüência de uma função técnica. Na realidade, põe-se a questão: a função de integração é essencial para o monarca? Deixaria de sê-lo se não conseguisse reunir todos os cidadãos em uma unidade real mediante a simbolização, o que – admitindo-se que faça sentido – só pode significar: fazer com que todos os cidadãos sintam-se representados por sua pessoa e o percebam como símbolo sentindo-se, em conseqüência, ligados entre si. Perde-se a unidade sociológica do Estado e, com isso, o Estado sociologicamente entendido, se o monarca falhasse nessa função? Naturalmente Smend não leva em consideração, em nenhum momento, a idéia de tirar essa conseqüência de sua doutrina, isto é, que a essência do Estado seja a integração e que, sobretudo na monarquia, o monarca desempenha essa função cuja essência consiste na integração. Porque mesmo aqui Smend, de fato, não pretende, absolutamente, alcançar com a "integração" nenhuma noção da essência, mas simplesmente um juízo de valor. Parece, contudo, que Smend não estava satisfeito com o modo de governar de Wilhelm II, pois declara que ele desempenhou as funções técnicas do monarca mas não as funções simbólicas, deixando de ser "na sua pessoa a encarnação, a integração da totalidade do povo" (p. 28). Mas como o Reich Alemão não deixou de ser, por isso, uma união real de vontade, parece ser, pelo menos, indiferente para a essência deste Estado se, e em que medida, o monarca simboliza a totalidade do povo. Precisamente neste exemplo vê-se sobre que terreno arenoso foi construída uma estrutura teórica, com a qual se parece nesse ponto a integração, ao operar com fatores que fogem a um controle objetivo e que brotam da arbitrariedade subjetiva como a "encarnação da totalidade do povo". Tanto que Smend sustenta que Wilhelm II não integrou, ou não integrou de forma suficiente, enquanto outros talvez pudessem achar que foi a Wilhelm I que faltou a capacidade de simbolizar. Mas como se faz para demonstrar se foi Wilhelm I ou Wilhelm II, e qual dos Hohenzollern simbolizou ou integrou melhor! Evidentemente apenas à maneira de Smend: cita-se, simplesmente, uma carta de Schlözer que o "viu" com "absoluta clareza": "dois olhos de 'Friedrich des Adlers' fecharam-se e seis milhões de homens foram transformados" (p. 29). Referindo-se a "Friedrich des Adlers", Smend escreve, segundo o espírito de Schlözer, que "o efeito integrante sobre todos os indivíduos não só dá vida, mas também forma" (p. 29). Sobretudo dá vida! Isto, certamente, deve ter sentido particularmente todos aqueles que foram integrados até a morte nas numerosas guerras de Friedrich des Adlers.

A grande fecundidade do conceito de integração também pode ser percebida considerando o fato de que ele oferece não só a possibilidade de julgar Wilhem II, mas também os judeus orientais. No texto de Smend lê-se que existem pessoas "que pela sua própria natureza não são adequadas à função de integração" (p. 29). Poder-se-ia perguntar a quem ele se refere, até que se vem a saber, através de uma nota de pé de página, que Max Weber – justamente este sociólogo liberal – considerou os judeus orientais como "líderes impossíveis da vida estatal alemã" e precisamente "também durante a revolução" que é, como se sabe, uma questão judaica. Que os judeus orientais são considerados indesejáveis na vida do Estado alemão é algo que há muito já se sabia. Faltava-nos apenas a sua expressão científica. A teoria do Estado de Smend a fornece: os judeus orientais são inadequados à integração. Smend nega também esta capacidade a Wilhelm I e aos judeus orientais, mas a atribui à burocracia e, apesar de a burocracia dever ser, quando muito, definida apenas como uma técnica social específica, Smend só consegue caracterizá-la como pertencente ao círculo "das pessoas integrantes" (p. 30). E em que consiste a função não apenas técnica mas "integrante" da burocracia: "a ética do serviço público" exige dos funcionários a "execução de suas tarefas não apenas de modo correto, mas também de acordo com o espírito do público, como seu amigo". Portanto, não desempenha a função integrante o funcionário que se limita a cumprir o seu dever, ou mesmo que se limita a desempenhá-lo de modo correto, mas somente aquele que administra com afeto e com espírito amigável, de forma que o público fique satisfeito com ele. Como não é, certamente, a intenção de Smend apresentar uma tal forma de administrar como a "essência" da burocracia – ele, por certo, não irá negar que a burocracia muitas vezes apenas limita-se a administrar corretamente –, logo, "integração" não significa, mesmo aqui, o conteúdo de uma noção essencial, mas, simplesmente, o juízo de valor de um postulado. Se o seu conteúdo não se chamasse "integrar", como poderia uma tal obviedade ser apresentada como cognição teórica do Estado? Mas este é o procedimento típico da teoria da integração: transpor para a terminologia da integração lugares-comuns, dando-lhes a aparência de novos conceitos.

Um gabinete renuncia porque, por um motivo qualquer, não pode continuar com a sua política interna ou externa. Como este fato é apresentado por Smend? Os dirigentes do Estado retiram-se "porque determinam o caráter atual da totalidade estatal de tal forma integrante" que uma modificação "só é possível como modificação daquelas pessoas que, nas suas posições de líderes (...) integram o povo do Estado" no sentido do seu programa (p. 31). O fato de que o governo "determina o caráter atual da totalidade estatal de forma integrante" é traduzido por Smend – ele deve também, já que integração assume constantemente diferentes significados, fornecer sempre a respectiva tradução alemã – com a afirmação segundo a qual o governo "com sua política" é "o símbolo através do qual o povo do Estado é, enquanto tal, politicamente uno". Esta é uma frase exagerada, apreciada apenas na imprensa governamental, porque o fato de o povo do Estado ser verdadeiramente uno, por intermédio do símbolo de uma política qualquer de governo, poderá ocorrer, se é que ocorre alguma vez, muito raramente. A bem da verdade, a política do governo geralmente enfrenta uma oposição que só pela imprensa governamental é tratada como *quantité négligeable*. Integrar o caráter da totalidade, portanto, não pode significar senão influenciá-lo na essência. Que o governo "integrou" o povo no sentido do seu programa Smend traduz como: "empenhar-se nessa política". Que vantagem pode trazer se dizemos "integrar" em vez de "influenciar" ou "empenhar"?

E, assim, também o resultado teórico da investigação levada a efeito por Smend sobre o segundo tipo de integração, a integração "funcional", é igual a zero. Dado que toda integração é essencialmente "função", o que Smend ressalta sempre com particular ênfase (p. ex., p. 96), neste caso deveria tratar-se, então, de uma "função funcional". E, da mesma forma que esse conceito-guia, todas as suas aplicações mostram-se também tautologias vazias. Naturalmente, também aqui Smend não pensa em "esgotar ou mesmo apenas sistematizar" (p. 33), mas contenta-se simplesmente em "ilustrar" a integração funcional com alguns exemplos. Ao lado das "pessoas integrantes" existiriam também, afirma ele, como se ele já não tivesse há pouco falado da função integrante dessas pessoas, "funções integrantes". Como exemplos dessas funções, ele alude a "modos de proceder", "formas de vida socializantes", como se o Estado como tal não fosse uma "forma de vida socializante". O que ele tem em mira é ressaltar a função integrante das "votações" do "princípio majoritário", das "eleições" e das "negociações parlamentares"; em outras palavras: ele quer sustentar aquilo de que ninguém duvida, ou seja, que esses procedimentos têm uma função socializante. Em relação a esta obviedade, seguramente, não valeria a pena usar tantas palavras como faz Smend. Mas em meio a lugares-comuns indiscutíveis, encontram-se um punhado de frases das quais tudo depende. Smend é contra o parlamentarismo na Alemanha, mas o vê positivamente na França. Na linguagem da integração ele o traduz assim: "na França, a ideologia do Parlamento há muito foi vitimada mais pela extraordinária força da sátira política deste país que pela experiência prática, mas o Parlamento ainda vive porque é para sempre a forma de integração política adequada a uma burguesia neolatina habituada a uma determinada clareza de significados e a uma dialética retórico-teatral do processo político – enquanto na mais fortemente democratizada Alemanha, esse modo de integração, calculado por uma restrita burguesia que lê jornais, fracassa" (p. 37). As eleições são, de modo geral, é verdade, "modos de proceder integrantes", mas não as eleições secretas: "o eleitor secreto é justamente o indivíduo não-integrado e que não necessita de integração do pensamento liberal estranho ao Estado" (p. 37). E Smend nega o efeito integrante não só às eleições secretas mas também às eleições proporcionais já que, em um outro contexto (p. 91), explica que o direito de voto universal e igual, que ele aqui desqualifica como "individualista", sofre uma "redução de sua força de integração" por obra da eleição proporcional. Todas estas são asserções não demonstradas e não demonstráveis. Smend nem ao menos faz a tentativa de indicar como se poderia estabelecer, ou mesmo medir, a "reação de integração" de certas pessoas ou instituições. Os juízos de valor que ele oferece são todos subjetivos, e o seu resultado é o de colocar no mesmo plano o "eleitor secreto", o judeu oriental e Wilhelm II, o monarca que cumpre apenas o seu dever técnico junto ao Parlamento – mas isto só na Alemanha! – e às eleições proporcionais. Se estas não podem integrar, então aquele não pode ser integrado. Pode-se facilmente imaginar em que situação lamentável deve encontrar-se hoje o Reich Alemão ao qual não apenas falta um monarca integrante mas que, além disso, possui, como órgão mais importante, o Parlamento, construído sobre a base das eleições universais, iguais, secretas e proporcionais. O ressentimento político esguicha por todos os poros dessa teoria do Estado.

Mas uma obscuridade mais profunda reina naquele capítulo que se ocupa da "integração material". Ao lado das pessoas integrantes e das funções integrantes (que, na realidade, são "modos de proceder" ou "formas de vida") apresentam-se agora as "coisas" integrantes: que "coisas" podem ser essas? Não são "coisas" de fato mas: "a vida material da comunidade do Estado" (p. 48) ou o "conteúdo material da comunidade estatal" (p. 47), da qual deve partir a reação integrante que, obviamente, vem indicada como "integração material". Essa vida "material" da sociedade estatal não deve ser outra coisa que a "vida" da comunidade estatal, e o "conteúdo material" da comunidade estatal será simplesmente a mesma comunidade estatal (uma vez que "conteúdo material" possui um sentido específico apenas em contraposição ao ato psicofísico, isto é, ao processo vital portador do conteúdo material; mas aqui, evidentemente, ambos aparecem "ordenados em conjunto"). Denominar a integração que parte da vida da comunidade estatal, ou da comunidade estatal mesma, exatamente, integração "material" é, assim, de algum modo, forçar a barra. Mas esta arbitrariedade terminológica desaparece atrás da pergunta: de que maneira a comunidade da vida estatal ou a vida da comunidade estatal, ou seja, aquilo que deve ser o produto, o resultado da integração, transforma-se a si mesmo em fator integrante. O fator de integração ao qual Smend se refere e que aponta, de forma totalmente arbitrária, como "material" não é, de fato – como será demonstrado no decorrer do texto –, a comunidade estatal auto-integrante, mas, sobretudo, o símbolo político das "bandeiras, brasões, chefes de Estado (especialmente monarcas), cerimônias políticas e festas nacionais" (p. 48). Mas por que esses símbolos políticos não se apresentam como fatores independentes da integração, como as pessoas e funções integrantes? Por que são apenas os *media*, instrumentos através dos quais a comunidade estatal ou o seu conteúdo deve ser "concentrado" para "produzir um efeito integrante"? Isto se poderia dizer também das pessoas e das funções integrantes. Também o monarca, o funcionário, o Parlamento integram apenas enquanto representantes do Estado; sobretudo através desses fatores o Estado – segundo Smend – integra-se a si mesmo. Por que então a integração através dos símbolos políticos mencionados não deve ser uma integração imediata, mas apenas uma integração mediante o "conteúdo" simbolizado, ou seja, representado? A resposta – talvez não pretendida por Smend – a essas dúvidas é encontrada numa pequena e modesta observação que me parece ser o único resultado das exposições prolixas e confusas da integração material. Segundo Smend, não se pode inventar símbolos para um "conteúdo" inexistente. "As dificuldades suscitadas pelas cores preto-vermelho-ouro do 'Reich', por causa da obscuridade do conteúdo efetivamente simbolizado por elas em oposição às cores preto-branco-vermelho, são em parte consideradas sob essa ótica" (p. 48). E, em um outro contexto, ele volta à integração através dos símbolos e diz, referindo-se claramente ao preto-vermelho-ouro: "existem bandeiras nacionais que não são o símbolo de uma comunidade de valor dominante e cuja função de integração segundo o sentido vem, por isso, a faltar" (p. 110). Certo, existem hoje na Alemanha círculos populares que rejeitam as cores oficiais do "Reich" porque não estão de acordo com a república democrática simbolizada por elas. Mas não existiram também no "Reich" imperial amplas camadas populares que recusavam a monarquia, não obstante o sistema político de então não lhes permitisse exprimir abertamente sua discordância, como é possível fazer na República democrática? Quem pode decidir qual "conteúdo" – entre aquele simbolizado pelo preto-branco-vermelho ou aquele simbolizado pelo preto-vermelho-ouro – integra mais intensamente: aquele que em 1918 desapareceu sem uma séria oposição ou aquele que retomou seu posto e ainda hoje existe de direito? Quem decide, dessa forma, sem qualquer procedimento demonstrativo objetivo – e, por outro lado, um tal procedimento não é possível – deve tolerar que se aceite a sua opinião apenas como juízo político de valor. Só assim pode-se admitir a tese de Smend segundo a qual a bandeira do "Reich" imperial, mas não a da República alemã, possuiria a capacidade de integração. As cores preto-vermelho-ouro do "Reich" são riscadas desse livro da vida, da "vida espiritual do Estado" da teoria da integração. As suas metas políticas não podem ser menosprezadas, não obstante a obscuridade dos percursos teóricos.

E por isto ele tem todos os motivos para aderir ao princípio pelo qual "a racionalização do pensamento político, que exclui a possibilidade de conceber o conteúdo político como um conteúdo de fé, põe, de tal forma, contemporaneamente, em crise toda forma política efetiva" (p. 50). Mas como a ciência não pode proceder de outra maneira que a racionalizante, este (modo de proceder) implica uma inevitável abdicação da ciência em favor da política. Smend deveria ter previsto que uma teoria do Estado, não importa de qual direção viesse, que postula "a possibilidade de conceber o conteúdo político como um conteúdo de fé", não poderia ser classificada pela Escola de Viena como ciência do Estado, mas como teologia do Estado, a partir do momento em que ela trata do seu objeto, o Estado, da mesma forma como a teologia trata o seu próprio objeto, já que para esta não é tão importante conhecer a natureza de Deus – o que é, por definição, impossível: apenas um racionalismo arrogante poderia inutilmente tentar tal coisa – quanto sobretudo conservar e afirmar a autoridade divina. Por essa razão Smend declara, já de início, que "o paralelo estabelecido por Kelsen entre Deus e o Estado não tem nada a ver com tudo isso" (p. 50).

Smend conclui a verdadeira teoria da integração, isto é, a representação dos diversos fatores de integração, com um capítulo intitulado "A unidade do sistema de integração" (pp. 56 ss.). Neste capítulo ele deveria mostrar como, mediante a cooperação dos tipos pessoal, material e funcional de integração, assegura-se aquela conjunção real, isto é, a que consiste nas relações psíquicas ou psicofísicas de todos os homens pertencentes juridicamente a um Estado – e somente estes –, o que faz do Estado uma unidade "real", e não apenas normativa, de vida dos cidadãos a ele pertencentes. Naturalmente, disto não encontramos nenhum traço. O grande esforço da teoria de Smend não conduz a outro resultado, coisa não colocada em dúvida até agora por ninguém, senão que com a realização do ordenamento chamado "Estado" aparecem fatos reais-psíquicos que se apresentam como interações entre homens ou sincronização das suas vontades, sentimentos e representações, estados de coisas que podem, se quisermos, ser chamados de coletivizações ou integrações sociopsicológicas. A propósito, falta completamente em Smend uma análise daqueles processos que "conectam", o que significa, na linguagem de Smend, "que integram" os homens, e também qualquer exame daqueles estados de coisas – evidentemente sociopsicológicos – que no meu trabalho "O conceito sociológico e jurídico do Estado" tentei ao menos tipificar, e que só uma concepção hipostasiante pode considerar como "estruturas" sociais e "reais". O fato de a quantidade destas estruturas reais emergirem e desaparecerem como se fossem ondas no mar dos eventos efetivos e deverem ser, por um lado, definidas como "unidade" intermitente, mas, por outro lado, poderem coincidir, em qualquer medida, com a unidade durável e autoritária definida como Estado, tudo isso o escrito de Smend não consegue demonstrar, exatamente como não o fez até agora nenhuma sociologia do Estado. Além do mais, Smend dá por certo, em vez de demonstrá-lo através de uma análise empírica, o fato de que os diversos fatores de integração da unidade de um sistema de integração e o efeito desses fatores produza a unidade real das pessoas que pertencem juridicamente a um Estado. Ele sustenta ser inerente a toda vida espiritual a tendência a constituir uma "unidade sistemática" e que esta unidade faz parte de um "sistema de normas" que, especialmente na "vida social" e nas criações mais altas desta vida, manifesta esta tendência, a qual produz o efeito de uma unidade fechada que – aqui falamos da "vida social" em geral e não ainda do Estado – estranhamente é um "ordenamento jurídico positivo" (p. 57). Naquele contexto fala-se da vida "espiritual" ou "social" à qual se atribui essa tendência, definindo-a já como unidade, sem ao menos se fazer a tentativa de demonstrar como essa unidade pode ser alcançada sem a mediação do sistema normativo. E como Smend procura perseguir essa "tendência" na vida estatal, a sua explicação perde-se na frase destituída de conteúdo: "ela realiza-se especialmente no Estado mediante o renovar contínuo da sua realidade enquanto união das vontades de todos os seus membros, não obstante toda passividade e resistência de alguns indivíduos, de grupos inteiros e mesmo de maiorias esmagadoras" (p. 57). E tampouco as frases seguintes, cheias de tautologias, agregam outro resultado além da afirmação da "realidade" do Estado, confluindo na asserção segundo a qual só se pode compreender a realidade do Estado se a mesma for corretamente entendida como efeito unificante de "todos os fatores de integração que se reúnem, mais uma vez automaticamente, para dar lugar a um efeito global unitário". Em suma, é preciso crer que esses fatores de integração se unem em um efeito global unitário, já que tudo isso não é demonstrável. Mas o ponto é o seguinte: trabalha bem as demonstrações somente aquele que racionaliza o pensamento político, não aquele que quer compreender o conteúdo político como o conteúdo de uma crença.

De resto, fala-se também nesse capítulo e com "especial ênfase" de "unitariedade da política interna e externa", dando a esta um grande relevo. Mas ninguém duvida seriamente desta unidade, pelo menos como postulado político. O próprio Smend fala – sem oferecer qualquer prova –, tentando criar artificialmente um adversário da "concepção tradicional que postula um contraste essencial muito profundo entre política externa e interna" (p. 64). A obviedade da sua unitariedade entende-se por si mesma e vem, naturalmente, proposta como conhecimento da essência no modo habitual, ou seja, definindo as duas direções da política como "integração", o que significa que são, com esta palavra, traduzidas na linguagem de Smend. Não se pode afirmar com certeza que assim se lance mais luz sobre esses processos que descrevemos como política interna e externa. Mesmo mediante a re-tradução, que Smend considera necessária, a integração não vale como "autoformação da individualidade estatal": não se chega aqui a nenhum conhecimento novo. Mesmo a descoberta de que ora a política externa ora a política interna tenha o primado não nos impressiona tanto quanto o fato de uma política externa "sã" ser "não uma condição, mas justamente um fator da saúde estatal interna de um povo" (p. 67). Basta omitir essa diferença totalmente incompreensível entre "condição" e "fator": um lugar comum jornalístico sem qualquer conteúdo, já que não diz outra coisa a não ser que uma boa política externa constitui um bem para o povo.

O conteúdo essencial deste capítulo não se encontra nem mesmo nessas formas de dizer, em parte banais e em parte incompreensíveis, mas, sobretudo, num credo político que torna compreensível aquilo que Smend quer dizer com a sua teoria da integração, bem mais que todas as explicações metodológicas e sociológicas, úteis apenas para obscurecer o seu significado. Já nas páginas iniciais (p. 23) Smend faz uma constatação não muito compreensível, segundo a qual "uma grande mina para a pesquisa" sobre a integração é a "literatura sobre o fascismo". Isto surpreende porque justamente o fascismo não poderia ser visto corretamente nem como ciência nem como conceito teórico do Estado, mas apenas como um método de conquista e expansão do poder, isto é, como política; de onde se deduz que ninguém que ainda possua um resto de consciência crítica poderia considerar os esforços artificiais de uma ciência fascista como algo muito diferente de uma ideologia da política fascista. Smend admite, contudo, que a literatura do fascismo "não pretende fornecer nenhuma teoria acabada do Estado", já que o seu conteúdo consiste, sobretudo, "nos caminhos e nas possibilidades de um novo vir a ser, de uma nova criação do Estado e da vida estatal, isto é, precisamente aquilo que é definido aqui como integração" (p. 23). Deveria-se, então, a propósito da teoria da integração de Smend, dizer o mesmo que se diz dos esforços do fascismo para chegar ao método do domínio, ou seja, que se trata de uma política e não de uma ciência? De qualquer forma, Smend dá particular importância à constatação que o "corporativismo fascista" define-se como "integral", no mesmo sentido em que o próprio Smend usa este termo, o que quase nos autoriza a dizer que a sua "integração" deriva da ideologia do fascismo. A "integração", que Smend, do ponto de vista de uma teoria geral (e, portanto, não apenas fascista) do Estado, apresenta como essência do Estado em geral, poderia constituir uma peculiaridade do Estado fascista? E, de fato, é assim: o Estado "integral" ou "integrado" é o Estado fascista. No capítulo que encerra a teoria da integração lemos: "constitui um dos pontos fortes do fascismo, do qual pode-se, de resto, dizer o que se quiser, o fato de ele ter identificado com grande clareza esta necessidade de integração universal. Juntamente com toda a rejeição do liberalismo e do parlamentarismo, ele utiliza a técnica da integração funcional, substituindo conscientemente a integração material do socialismo, a qual refuta com um outro tipo de integração (mito nacional, Estado corporativo etc)." (p. 62). Observe-se bem: a integração, que se diz ser a essência do Estado, de qualquer Estado, sendo a sua realidade, é designada originalmente por Smend como "a primeira tarefa da teoria do Estado" (p. 20). Hoje a integração é uma tarefa dos homens do Estado, dos partidos, uma tarefa que é cumprida de diversas formas em diferentes Estados. Mas, no entanto, se os diferentes partidos políticos não conseguem tornar efetiva essa integração com o mesmo resultado, de modo que uma parte deles pode chegar a um grau superior do efeito de integração em relação aos outros, então também a "realidade" dos diferentes Estados, de acordo com os partidos ou métodos políticos aplicados, deve ser diferente. Encontramo-nos diante de um resultado muito estranho da teoria da integração de Smend: a integração que é a essência do Estado como "realidade socioespiritual", é esta realidade em si mesma. Mas essa "realidade" pode possuir diferentes graus. Existem, talvez, apenas Estados reais, mas existem Estados ainda mais reais e outros realíssimos. A "realidade" do Estado, cujo estudo a teoria antinormativa da integração assume como sua tarefa, não é, evidentemente, outra coisa senão – o que a teoria normativa jamais negou – a efetividade da ordem social, a sua – experimentada certamente em diferentes graus – força motivadora. Só que a "efetividade" e a "realidade" não são mais as mesmas. Tratando-se de diferentes graus de efetividade de um ordenamento, a "realidade", que corresponde à ordem da sociedade constituída, permanece sempre a mesma; assim como um ser vivo dotado de uma força de resistência menor não pode ser considerado menos real que um ser vivo mais forte. Mas de que forma se manifesta esse diferente grau de efetividade de uma ordem social? A pergunta não obtém resposta, mas, em compensação, são dados exemplos muito esclarecedores. Entende-se por si que o Estado socialista esteja no grau mais baixo, mas o fascista em um grau superior, dessa espécie de escala descoberta e definida primeiramente por Smend como escala de "realidade". Uma ordem completa de graduação das formações sociais segundo o nível de sua "realidade" seria, seguramente, um modelo muito interessante. Infelizmente, também neste ponto a teoria da integração limita-se a insinuações muito cuidadosas. De qualquer forma, chegamos a saber – trata-se de uma nuance muito particular da teoria do Estado de Smend – que no mesmo grau do Estado socialista, isto é, com a "teoria marxista do não-Estado", encontra-se também a "igreja romana" (p. 61); já que ela integra sobretudo através de conteúdos materiais – o que é afirmado mas não provado, pelo menos em princípio –, como o socialismo, excluindo, portanto, ou, seja como for, relegando ao segundo plano, a técnica da integração pessoal e funcional. As conseqüências de um tal tipo superficial de integração mostram-se muito claramente na História. A Igreja Católica representa uma das organizações mais fortes e duradouras, mas, do ponto de vista da teoria da integração, cabe-lhe um grau muito baixo de "realidade". Isto talvez seja suficiente para descobrir a verdadeira essência dessa "realidade" do Estado que Smend, quase como se se tratasse de sua missão, afirma dever salvar da teoria normativa do Estado própria da teoria pura do direito.

4. Estado e direito

A tendência política inteiramente unilateral que domina, de forma muito clara, a teoria da integração de Smend, mostra-se ainda mais marcadamente na aplicação a alguns problemas singulares da teoria do direito do Estado. Isto será provado tomando como referência os exemplos mais importantes.

Em primeiro lugar, situa-se a relação entre Estado e direito que, como verdadeiro problema central da teoria do direito estatal, culmina no conceito de Constituição e do direito constitucional. Portanto, deve ser considerado como o verdadeiro parâmetro para a mensuração do valor científico de uma teoria que se mostra como base para a teoria do direito do Estado e como tal é apresentado em uma obra intitulada *Constituição e direito constitucional*.

Deve-se recordar que Smend definiu a Constituição como "o ordenamento jurídico do Estado" (p. 78) e que explicou a integração como "princípio de sentido" desta Constituição (p. VIII). Se partirmos deste ponto, não poderemos deixar de nos surpreender com uma distinção acerca da qual Smend salienta que "constitui a base para a compreensão de todos os fenômenos que pertencem a esse campo e, antes de mais nada, da Constituição e do seu sentido" (p. 83). É a distinção fundamental entre integração e direito, ou, mais exatamente, a princípio, apenas entre integração, direito e administração. Smend aceita esta identificação, cuja impossibilidade lógica foi por mim demonstrada, entre "direito" e "justiça", ou seja, tudo aquilo que se resume habitualmente em legislação e jurisdição (atividade judiciária)[30]. Na medida em que se contrapõe a justiça como "direito" à administração, esta última aparece como uma função externa ao direito, mesmo se tiver de ser incluída no âmbito jurídico como conteúdo do direito administrativo. Esta ambiguidade cheia de contradições entre um conceito de direito entendido em sentido lato e um outro entendido em sentido estrito, verdadeiro e próprio, é apenas um sintoma de uma tendência política que determina a formação dessa terminologia, que não admite vínculos com a administração e, em particular, a sua submissão à leis no interior de um determinado sistema e a partir de um determinado ponto de vista político. Smend vai além da visão tradicional sobre esse tema, porque define a integração por ele descoberta como categoria autônoma ao lado do direito e da administração distinta do direito. E, como ele identifica o Estado com a integração, o Estado seria propriamente, segundo Smend, o terceiro elemento ao lado do

---

30. Cfr., para o que segue, o meu escrito: *Justiz und Vernaltung*.

direito e da administração: "é o Estado como valor dominante, 'a sua manutenção e o seu reforço', para usar a linguagem de G. Jellinek, em nossos termos, ao invés, a sua integração, que se põe como terceiro valor e equivalente, ao lado dos valores representados pelo direito e pelo bem-estar (ou pela administração)" (p. 83). E Smend exalta como vantagem especial da sua teoria constitucional o fato de ela ter, supostamente, elaborado "com toda clareza as três dimensões do valor do direito, da administração e da integração e a especificidade das funções atribuídas a cada uma deles" (p. 106). Seria interessante saber o que resta do Estado (como "integração") se excluirmos dele a Justiça (como legislação e jurisdição) e a administração. Que a Justiça e a administração não são funções do Estado (não sendo funções da integração) pode ser considerado, em primeira instância, como doutrina de Smend. Mais tarde ele abandona novamente esta tripartição para substituí-la pelo usual dualismo de um sistema de Estado e direito, incluindo a administração no sistema de integração, isto é, no sistema do Estado. Mas eu argumento que é preciso, antes de tudo, lidar, na teoria de Smend, com uma tripartição do valor de integração, de administração e de direito, segundo a qual o Estado, a administração e o direito representam três complexos de funções distintas. Diante deste resultado verdadeiramente surpreendente, seria talvez mesquinho perguntar como esse valor da integração poderia alguma vez colocar-se como "princípio regulativo" "equivalente" ao lado do valor jurídico ou seja, como um princípio diferente do outro se, exatamente, o princípio de sentido do "ordenamento jurídico de um Estado", ou seja, da Constituição, vale dizer, da integração, a Constituição – da qual se falava poucas páginas antes justamente como "direito positivo", "realidade integrante" (p. 80), como a "realidade integrante" do ordenamento jurídico, ou seja, da Constituição, deve ser considerado como "um exemplo particularmente relevante do indubitável efeito de integração de toda comunidade" (p. 81)? Que outra coisa uma comunidade "jurídica" poderia ser além de uma "fusão unificante", logo integração? Que outra coisa senão uma comunidade integrada mediante um ordenamento jurídico? E como a realidade da comunidade estatal significa, segundo Smend, realização de valor, e realização de valor – segundo a identificação smendiana entre a legalidade do valor e da norma como realidade determinante de uma legalidade social e, em particular, estatal – só pode ser realização de normas: de quais outras normas senão das normas jurídicas a comunidade estatal pode ser a realização? Dado que a comunidade jurídica justamente enquanto comunidade, estrutura social, não pode carecer de "realidade", qual outro princípio senão o da "integração" poderia constituir a base dessa realidade social, uma vez que Smend postulou a integração como princípio de uma realidade social? Como pode ser possível contrapor não apenas a administração, mas também o Estado (que seria identificado com a integração) ao direito quando o próprio Smend – mesmo que em outro contexto – fala de "direito do Estado" e associa a este também o "direito administrativo", classificando tanto o direito estatal quanto o direito administrativo como "complexos de normas" (p. 131)?

A constatação dessas contradições fundamentais, nas quais se enreda a teoria de Smend, seria por si mesma suficiente para rechaçá-la como destituída de valor científico. Mas a confusão conceitual da teoria da integração vai ainda muito mais longe. Smend procura seriamente representar em detalhe o contraste tradicional entre Estado e direito como contraste entre integração e direito. Sim, uma das contribuições mais importantes desse proteiforme (*proteusartigen*) conceito de integração deve ser considerada a separação do direito do Estado, através da qual a teoria da integração tenta distinguir-se de forma mais clara da teoria normativa do Estado, a qual compreende o Estado como ordenamento jurídico. Smend designa o Estado e o direito como duas "províncias da vida espiritual, inseparavelmente unidas, mas, todavia, fechadas em si mesmas, cada uma servindo à realização de uma idéia particular de valor" (p. 98).

Já o fato de ser contextualmente "fechadas em si mesmas" e, ao mesmo tempo, "inseparavelmente unidas" constitui notável contradição, porque o liame neutraliza a separação recíproca, sobretudo se este liame é tão "íntimo" a ponto de ser caracterizado, em seguida, de forma a permitir que os sistemas do Estado e do direito sejam "entrelaçados entre si" (p. 100); no entanto, não estão entrelaçados entre si mas um está dentro do outro e, ao mesmo tempo, "fechado em si", porque servem a duas idéias diversas de valor. Mas quais são estas duas idéias de valor? O valor de integração e o valor de direito, esclarece Smend (p. 88). Mas a "integração" é um "processo", um processo de realização de valores, sendo assim a "realização" de um valor (pp. 18 s.) e, portanto, não pode ser o mesmo valor que ainda está por realizar. Através dessa inversão da interpretação totalmente inadmissível do processo de integração, de um processo de realidade, um processo de realização, para um valor – que conteúdo deveria ter este valor? – cria-se simplesmente uma aparência, como se ao lado do valor jurídico (como realização do qual Smend considerou até agora o Estado como integração) existisse também um outro valor, cuja realização desse vida a uma comunidade estatal diversa da comunidade jurídica. E assim Smend também distingue a realidade do Estado da realidade do direito: "de um lado, a realidade do Estado é a sua vida como integração e como desdobramento de sua potência ordenadora e formadora; do outro lado, a realidade do direito é a positivação, garantia, aplicação mediante a legislação, a jurisdição e a vida" (p. 98). Mas que outro ordenamento senão o ordenamento jurídico poderia estar no "desdobramento da potência ordenadora" que seria a realidade do Estado? E o desdobramento da potência estatal não consiste talvez na "positivação" do direito, na sua "aplicação via legislação e jurisdição"? Acima de tudo, existe um ato de desdobramento da potência estatal que não se apresente como ato jurídico, como ato de positivação e aplicação do direito? De acordo com a visão que Smend possui do Estado e do direito, entendidos como dois círculos "fechados em si mesmos", quando um tribunal sentencia à morte um acusado e tal sentença é executada, estaríamos frente a um ato jurídico, não a um ato do Estado. Ao contrário, está-se em presença de um ato do Estado, não de um ato jurídico, quando uma autoridade administrativa, seguindo um processo administrativo estruturado de acordo com a petição, aplica a um motorista uma multa por excesso de velocidade. A administração pertence – conforme a página 98 do escrito de Smend – ao sistema estatal determinado pelo valor da integração. Parece francamente incompreensível que o "desdobramento da potência estatal" manifeste-se na multa aplicada ao motorista pela autoridade administrativa e não na sentença de morte aplicada por um tribunal, e que a sentença de morte do tribunal, mas não a sentença administrativa, deva ser considerada "aplicação", "positivação" do direito, apesar de que tanto num caso como no outro é aplicada, ou seja, positivada, uma lei. O dualismo da autoridade administrativa, que é difícil de explicar historicamente, do ponto de vista do reconhecimento sistemático de sua essência, ou seja, o fato de que a ação do Estado moderno se desenvolva em dois aparatos distintos da administração, separados entre si de forma muito relativa, é interpretado de modo invertido no contraste entre Estado e direito e acrescido da teoria da integração no intuito de chegar a uma diferenciação grotesca de duas comunidades sociais diversas; esquecendo completamente que o Estado e o sistema jurídico diferente deste Estado formam, por fim, a unidade de uma única e mesma comunidade, de um mesmo ordenamento social, sem nenhuma consciência de que esta unidade se manifesta no fato de que se trata justamente do mesmo Estado, cujo poder se manifesta tanto na justiça quanto na administração, da mesma forma pela qual o mesmo direito é criado e aplicado, seja na administração, seja na justiça. Tudo isto não pode seriamente ser posto em dúvida. Mas Smend sente-se pressionado a representar a tradicional oposição entre Estado e direito como dualismo entre integração e direito, já que identifica o Estado com a integração, e, por isto, vê-se obrigado a explicar os fatores da integração que fundam a realidade da comunidade estatal contrapondo-os aos "fatores da vida jurídica": "assim como os fatores de integração em seu próprio âmbito, aqui os principais fatores da vida jurídica sustentam-se, completam-se e exigem-se mutuamente" (p. 98), como se os "fatores da vida jurídica" não pudessem ser representados e não tivessem sido todos representados por Smend – em um contexto anterior –, por exemplo, quando falava dos juízes como burocracia na justiça e dos juízes como pessoas integrantes (p. 30), como "fatores de integração" e, precisamente, de todos os três tipos: os juízes como pessoas integrantes, a legislação e a jurisdição como funções integrantes, a justiça de olhos vendados e com a balança na mão como símbolo integrante ou conteúdo material integrante. Os "fatores da vida jurídica", que Smend contrapõe aos "fatores da integração", e que deve contrapor quando distingue entre comunidade jurídica e comunidade estatal, são, em seguida, subitamente tratados como fatores de integração. Deles ele afirma que "formam entre si um sistema que, graças à legalidade axiológica do espírito, une-se à realidade positiva da vida concreta do direito de uma comunidade jurídica, do mesmo modo que em outra parte (o que significa: no Estado) fazem os fatores de integração com o sistema da realidade" (p. 98). Assim, a função dos "fatores da vida jurídica" é unir à realidade uma comunidade social. Exatamente a função da integração que o próprio Smend traduz como "união" (p. VIII). E, como se tais contradições já não fossem suficientes, Smend assegura, após essa contraposição entre integração e direito, entre fatores de integração e fatores de uma comunidade estatal integrada ou não mas, seja como for, "delimitada em seu todo", que essa integração rumo à realidade da vida estatal e esse confluir rumo à realidade da vida jurídica são, "em ambos os casos, em parte ordenada, em parte estimulada, em parte permitida pelo direito escrito" (p. 98); que o "direito constitucional" é "um sistema de integração" (p. 137) e que "esse sistema fechado em si mesmo das funções jurídicas" – vale dizer, legislação e justiça – "deve ser procurado dentro da comunidade" (p. 98). Certo, Smend não seria capaz de distinguir entre "direito do Estado" e "direito administrativo" senão referindo-se a este último como "direito técnico" e àquele, ao invés, como "direito de integração". Com este conceito de direito de integração, Smend demonstra do modo mais claro com que "acuidade" (p. 106) ele consegue separar os três reinos do valor do Estado, da administração e da integração. Mas, de alguma forma, precisa fazer compreender que a Constituição, "o ordenamento jurídico do Estado", constitui também, em alguma medida, a sua integração; o que nos garante não só que o Estado é entendido como comunidade jurídica, mas justamente o contrapõe a uma tal comunidade jurídica!

Neste caso, porém, deve-se novamente separar a Constituição – e o ordenamento jurídico constitucional – do direito. O que quer que se entenda por essência da Constituição, não se pode colocar em dúvida o fato de pertencer aos seus elementos essenciais a disciplina dos órgãos e do procedimento legislativo e a produção das normas gerais do direito; e que exatamente por isso ela forma a base do ordenamento jurídico, enquanto este consiste em leis e em atos executivos da mesma, da parte da jurisdição e da administração. Qualquer documento constitucional nos fornece um testemunho desta função da Constituição. Se se quiser, como Smend, discernir o critério mediante o qual a Constituição distingue-se do resto do ordenamento jurídico no caráter "político" de seu objeto (p. 133), neste caso, o "político", se este termo, muito usado e polissêmico, deve ser entendido em sentido estrito, consiste justamente na disciplina de nível mais elevado da formação da vontade estatal. Mas exatamente por isto, segundo Smend, a Constituição não pode ser o fundamento do direito, uma vez que ele a põe como fundamento do Estado. O dualismo infeliz leva a essas conseqüências grotescas! Smend deve assim, forçosamente, rejeitar a concepção segundo a qual a Constituição é um momento essencial de todo ordenamento jurídico, porque ela constitui a condição de sua validade, uma concepção que concorda plenamente com o significado da Constituição. Mas como é possível que seja rejeitada por Smend a teoria que ele mesmo define como tentativa de "elevar a Constituição a momento essencial do ordenamento jurídico enquanto tal, em vez de uma condição de sua validade": "fazendo com isto uma grave injustiça à Constituição, mas, acima de tudo, à dignidade e à idéia mesma do direito" (p. 80). É um pouco excessivo afirmar que se faz injustiça à Constituição elevando-a a fundamento de todo o ordenamento jurídico! Smend supõe dever reparar esta grave injúria atribuindo à Constituição "uma tarefa concreta específica", que é a tão conhecida "integração". Mas a Constituição não cumpriria exatamente por isso a sua tarefa, não "integraria" justamente, por isso, por disciplinar a legislação? Parece que Smend não consegue evitar este fato óbvio, pois ele admite que a legislação e a justiça (aqui entendidas no sentido estrito de jurisprudência dos tribunais), formam o direito, ou seja, "um sistema em si delimitado de funções jurídicas" no "interior da Constituição" (p. 98), que não deve ser necessariamente diferente do "sistema de integração" na forma pela qual o direito constitucional vem exposto em outra passagem (p. 137). Mas Smend continua: "justamente por isso", a legislação e a justiça "seriam, em certo sentido, corpos estranhos na Constituição" (p. 99), a qual é, em si mesma, um ordenamento jurídico! E depois de Smend explicar que a legislação e a justiça são corpos estranhos à Constituição, por serem fatores do direito e não fatores da integração e, portanto, não são funções da comunidade de vida estatal, mas da comunidade jurídica, ele mostra – ainda na mesma sentença – como as mesmas legislação e justiça "todavia pertencem" àquela mesma Constituição na qual são corpos estranhos (p. 99). E por que pertencem a ela? "Porque também são formas de vida estatal" (p. 99). Portanto: formas de vida estatal mas não fatores integrantes, apesar de fatores integrantes e, precisamente, aqueles qualificados por Smend justamente como "formas de vida coletivizantes" da assim chamada "integração funcional" (p. 32). Tudo isso que, em virtude das contradições, aparece como um monumental desprezo pelas palavras, seria de se admirar, se ele não traísse a sua consciência cativa mediante a busca de uma atenuação: legislação e justiça são, exatamente, "formas de vida estatal", apesar de não serem fatores de integração, logo não são totalmente formas de vida estatal; mas, "o seu 'centro de gravidade'– o centro de gravidade dessas formas de vida do Estado"– "não reside mais nessa sua qualidade estatal desde a superação do Estado de jurisdição medieval" (p. 99). Poder-se-ia, talvez, afirmar que a máxima importância do Estado não repousa mais sobre a justiça, desde que foi acrescentada à justiça também a administração. Mas o "Estado jurisdicional" medieval – apesar de ele não ter sido dotado de nenhuma administração ou, no máximo, de uma administração muito insignificante e ter tido o seu fundamento sobretudo no aparato judicial – era, sem dúvida, um "Estado"– ou iria Smend negar também isto? O caráter estatal da legislação e da jurisdição não poderia ser perdido ou enfraquecido pelo fato de ao lado da função do Estado entrar também a administração estatal ou, mais precisamente: pelo fato de ao lado da jurisdição estatal distinguir-se mais fortemente a administração estatal; com o que se deve também lembrar da originária tripartição, no pensamento de Smend, dessa administração: integração, administração, direito, porque não serve à finalidade da integração e não pertence ao Estado e, por isso, não poderia ter o caráter de uma função estatal, como possuem, ao invés, a legislação e a justiça no "Estado jurisdicional". Com tal afirmação Smend procura esconder as flagrantes contradições da teoria da integração, falando de um "duplo papel" da legislação e da justiça (p. 99) que, por um lado, deveriam ser "formas de vida do Estado" e, por outro, apenas "fatores de vida jurídica". Esta tentativa de fuga não pode, porém, nos conduzir para fora da confusão da teoria da integração. Se a legislação e a justiça podem ser simultaneamente formas de vida estatal, portanto fatores de integração e fatores da vida jurídica, então os "fatores de integração" são ao mesmo tempo "fatores da vida jurídica: o governo, o monarca, os funcionários, o parlamento, as eleições, as votações, os símbolos – todos estes exemplos que Smend aduz como fatores de integração são fatores da vida jurídica, uma vez que a vida do Estado manifesta-se, inevitavelmente, em formas jurídicas. Onde Smend vê um "duplo papel" reside, na verdade, a unidade indivisível e, assim, a identidade entre Estado e direito.

A argumentação de Smend gira continuamente ao redor do mesmo ponto, o mesmo círculo vicioso de sua contradição de fundo: o Estado não é direito já que o Estado é integração, logo o direito não é integração. Mas, uma vez que o direito também é integração, logo o direito é Estado. A justiça, diz ele, é "enquanto parte do sistema dos poderes estatais *en quelque façon nulle**, isto é, não serve aos valores de integração mas aos valores do direito (p. 99). Que a integração não constitui um valor que possa ser contraposto ao valor do direito já foi anteriormente demonstrado. Mas, ao mesmo tempo, Smend diz que "também a justiça deve integrar". Parece impossível que essas duas frases estejam separadas apenas por algumas linhas: a justiça não serve ao valor de integração, mas deve integrar. E, ainda mais grave do que esta contradição, é a tentativa de escondê-la: a Justiça deve integrar – "mas a comunidade do direito, não a do Estado". Será que Smend não se dá conta de que com isso ele não faz mais que reforçar a contradição? Se a comunidade jurídica é também uma sociedade integrada, ou seja, faz-se realmente comunidade através da integração, da mesma forma que a comunidade estatal, e se a justiça como fator da vida jurídica é um fator de integração, como é possível que se torne a separar a comunidade estatal da comunidade jurídica se antes elas já podiam ser distintas, a partir do momento que Smend integrava a comunidade estatal através dos fatores de integração, enquanto a comunidade jurídica pode-

---

* Em francês, no original.

ria "ser ligada" apenas através dos fatores da vida jurídica? Como pode a comunidade estatal ser separada da comunidade jurídica se Smend só poderia separar a realidade estatal da realidade jurídica pressupondo um contraste fundamental entre os "fatores de integração", que constituem uma realidade, e os "fatores da vida jurídica", que constituem uma outra realidade? Nesse ponto, nem mesmo para Smend a divisão entre comunidade estatal e comunidade jurídica torna-se uma coisa muito segura. Enquanto no início da argumentação ele designava o Estado e o direito como "duas dimensões da vida espiritual, delimitadas e completas em si mesmas, embora servindo à realização de uma idéia particular de valor" (p. 98), ele agora reduz notavelmente esse forte dualismo, porquanto é forçado a admitir que o direito serve à mesma idéia de valor que o Estado. Admitindo que a justiça também integra – não a comunidade estatal, mas a comunidade jurídica –, ele afirma, ao invés, que esta, isto é, a comunidade jurídica, pertence "pelo menos em princípio" a um outro círculo, que não o da comunidade estatal. Mas não era em princípio, vale dizer, "praticamente" o mesmo círculo? Certamente, responde Smend, "do ponto de vista prático" – a justiça que não serve ao valor de integração e, todavia, "deve integrar", nem que não seja a comunidade estatal, mas, sobretudo e simplesmente, a comunidade jurídica –, esta justiça, do ponto de vista prático, pode, "no entanto, ser funcional à integração estatal"! O que também significa que ela pode integrar a comunidade estatal e através da comunidade estatal – não "em princípio", mas "na prática" – tornar-se a comunidade jurídica e vice-versa. Se pudermos confiar no fato de os tribunais servirem ao valor de integração "na prática" mas não "em princípio", ficaríamos muito decepcionados – quando topássemos – em um contexto inteiramente estranho a eles – com juízes que, segundo Smend, não servem de forma alguma ao valor de integração "na prática" mas apenas em princípio! Existem, contudo, os tribunais especiais: "tribunais especiais são aqueles cuja nomeação ou instauração não é dedicada à consecução de um valor jurídico, mas de um valor político" (p. 154). Mas para Smend o valor político é idêntico ao valor de integração.

Mas ainda não está fechada a cadeia na qual cada elo sucessivo nega o seu precedente: a justiça não serve ao valor de integração, contudo, ela "deve"integrar; mas "a Constituição a libera explicitamente desta tarefa, tornando-a independente da direção do Estado"(pp. 99, 100). Portanto, ela não integra, ou integra apenas "na prática", não obstante estar livre dessa tarefa? Por que, no entanto, ela "deve"integrar se é liberada dessa tarefa? E, sobretudo, por que a justiça cessa de "integrar", visto que se tornou "independente"? Ora, por causa da divisão em três partes: integração, administração, direito (legislação e justiça) como fonte de integração não sobra nada mais que o "governo". A administração e a justiça (inclusive a legislação) são externas em relação ao âmbito limitado da integração. Aqui Smend identifica – retornando à sua originária tripartição – o Estado como integração com o governo. Como a justiça não depende do governo, ela é também separada da integração – uma idéia que, na verdade, nada deixa a desejar ao substancialismo mais ingênuo. Em todo caso ela tem a vantagem da simplicidade. Mas ela lança Smend numa nova dificuldade. A administração não independe do governo e também – segundo a tripartição original – não serve ao valor da integração, mas ao valor da administração. A teoria tem-se contentado, até agora, em separar a administração do âmbito do direito. Mas a teoria da integração de Smend jogou fora a criança junto com a água da bacia: separou a administração do âmbito estatal, entendido aqui como âmbito da integração e, portanto, valor da integração. Neste ponto, resta-lhe o incômodo de reintegrar a administração ao Estado. Enfrenta-se tal incômodo da seguinte maneira: a administração, que anteriormente era caracterizada essencialmente por não servir ao valor da integração, mas ao do bem-estar, esta administração – assim afirma Smend neste ponto – "é, antes de tudo, dominada pelo valor técnico da administração" (p. 100). Mas, "em virtude da sua subordinação ao governo" faz-se ela, "pelo menos, eventualmente dominada também pelo valor político, pelo valor da integração" (p. 100). O que não impede Smend de – algumas páginas mais adiante (p. 131) – diferenciar o direito administrativo como "direito técnico" do direito do Estado como o "verdadeiro direito da integração"!

Diante de uma teoria que sustenta sempre o contrário daquilo que proclama, faz pouco sentido que essa tentativa – a qual reintegra a administração ao Estado, precedentemente excluída do âmbito estatal através da distinção, presente no sistema de integração, entre o valor de integração e o valor de administração – deva ser rechaçada para grande parte da administração, a partir do momento que a administração, através dos tribunais administrativos ou dos órgãos colegiados de direção estatal independentes do governo, encontra-se na mesma situação da jurisdição e, por isso, ao lado desta, não pode tomar parte da integração que se origina no governo, supondo que se possa, de tal modo, superar a contradição que consiste em Smend ter assumido, de início, os múltiplos fatores de integração como independentes uns dos outros e, agora, considerar o governo como única fonte de integração. Aqui o método da oscilação dialética postulado por Smend presta-nos um serviço de um nível até agora não alcançado. Assim como a justiça oscila entre o valor de direito e o valor de integração, a administração oscila entre este último e o valor do bem-estar de forma tão veloz e ágil que se torna realmente árduo meter na cabeça esse emaranhado serpenteante de conceitos e sacar deles todos os seus significados ambíguos.

5. Legislação, governo, ditadura

O insustentável dualismo entre Estado e direito que força a teoria da integração a considerar todas as funções fundamentais como, simultaneamente, pertencendo e não pertencendo ao Estado, acaba por se encontrar em uma situação bem difícil em face da função legislativa. Pois, sobretudo através desta função, o Estado manifesta-se como autoridade e justamente nela deve-se reconhecer um nível particularmente expressivo e significativo do processo de produção do direito, independentemente de este processo seguir sobre os trilhos da jurisdição ou da administração. Por certo é usual, mas é também errôneo, identificar o direito com a lei e, todavia, se é possível captar a identidade entre o Estado e o ordenamento jurídico mediante alguma função, esta é exatamente a legislativa. Sobretudo a propósito da função legislativa parece impossível desconhecer esta identidade, porque a impossibilidade metodológica da tentativa de construir dois sujeitos diferentes para uma mesma função – o que significa hipostasiar duas substâncias diversas em uma função, explicando a lei não só como uma função do Estado, mas também como "portadora" de um direito diferente do estatal – é uma coisa que salta aos olhos. Smend faz justamente esta tentativa e, ao fazê-la, acaba caindo na idéia desesperada de utilizar a distinção, bastante dúbia, entre lei "no sentido formal" e lei "no sentido material" para repartir a legislação entre os dois âmbitos, diversos e separados entre si, do Estado e do direito. De fato, ele afirma com toda a seriedade que a legislação formal é função do Estado, a legislação material é função do direito. Este é – mesmo que não inteiramente claro – o sentido de frases difíceis como "os sistemas do Estado e do direito são indissoluvelmente unidos na legislação que desempenha o papel de função suprema em ambos os sistemas. De um lado, é uma função imanente ao Estado, um componente da divisão do Estado e, por isso, é definida na sua qualidade de relação com o poder executivo e, portanto, segundo a fórmula atual, legislação (em sentido formal)", "por outro lado, ela é a função normativa geral da vida jurídica, 'legislação material'" (p. 100). O problema é que Smend deixa passar um detalhe, aquele pelo qual a assim chamada "lei no sentido formal" não é de fato uma lei mas apenas forma, e, precisamente, apenas a forma prescrita por determinadas Constituições – a monarquia constitucional ou a república parlamentar – para as leis; o que significa que não existe uma "legislação em sentido formal" como função real. Existem outros atos que, como a lei – dizer "lei material" já é um pleonasmo –, podem assumir a forma específica prescrita pela Constituição para a lei, por exemplo, um ato administrativo como uma desapropriação ou a admissão de um estrangeiro na comunidade estatal, que, no entanto, não se transforma, de fato, em uma lei mas é e permanece, do ponto de vista funcional, um ato administrativo, mesmo sendo um ato administrativo que possua uma forma, em geral, é pertinente apenas à lei. Legislação, do ponto de vista da função, significa produção de normas gerais, o que só em determinadas Constituições reveste-se de uma determinada forma: deliberação parlamentar com sanção relativa ou promulgação sob o controle do chefe de Estado. Assim, como se diz de modo impreciso e incorreto: legislação "material". Cindir o conceito de legislação fazendo surgir, desta maneira, a aparência de duas diferentes funções legislativas é um erro lógico que não visa a outro fim senão o de obter dois objetos hipostasiados em vez de um.

Nada é mais significativo para Smend do que chamar a atenção para a sua distinção entre função legislativa formal e material: "a maior parte das disposições constitucionais nas quais aparece o termo 'lei' possuem um sentido satisfatório apenas sobre a base deste conceito formal" (p. 100). Na realidade, é verdadeiro justamente o contrário! A asserção de Smend é a interpretação típica pela qual a teoria do direito do Estado tentou dar um significado em sentido conservador à Constituição sob a monarquia constitucional. Mesmo quando nestas Constituições afirma-se que no futuro as "leis" não serão mais estabelecidas apenas pelo monarca, mas pelo monarca em reunião com os representantes do povo – e esta é a relação ressaltada neste texto quando se fala das "leis", enquanto exatamente aqui se percebe a passagem da monarquia absoluta à constitucional –, todavia o termo "lei" possui aqui, razoavelmente, apenas o significado de "lei em sentido material", produção de normas jurídicas gerais. A regra fundamental da monarquia constitucional é aquela segundo a qual tal produção de leis só é possível em conexão com o parlamento, e que as leis no sentido material devem ter a específica forma da lei. Portanto, a proposição só pode ser entendida como uma restrição ao caráter da Constituição da monarquia constitucional, no sentido de que os decretos só podem ser baixados exclusivamente com base na lei, ou seja, as normas jurídicas que possuem caráter geral, que não foram deliberadas pelo parlamento e sancionadas ou promulgadas pelo chefe de Estado, deveriam ser baixadas apenas como realização mais pormenorizada das normas jurídicas gerais, segundo a forma da lei. No intuito de evitar, tanto quanto possível, a perda de poder sofrida pelo monarca com a passagem à monarquia constitucional, uma teoria do Estado conservadora, exclusivamente política e totalmente inspirada no princípio monárquico, usou, entre outros artifícios de interpretação, também este: interpretar a palavra "lei" nos documentos constitucionais como lei no sentido formal. Desta forma, restou ao monarca a possibilidade da legislação – que, segundo a intenção da Constituição, ele deveria dividir com o parlamento – da qual, por outro lado, permanecia restrita a ele uma parte considerável, excluindo-se o próprio parlamento. A regra fundamental da monarquia constitucional, aquela segundo a qual as leis só podem ser promulgadas em conjunto pelo monarca e pelo Parlamento, é, portanto, reduzida a uma tautologia, para a qual as leis em sentido formal ou, mais precisamente, a forma da lei, deveria ser promulgada apenas na forma da lei. Como, no entanto, deste modo a questão sobre qual órgão deve promulgar as leis mediante o estabelecimento da forma da lei – mediante, diz-se, a instituição de uma "legislação formal" – não podia ser suficientemente ajustada, a teoria do direito do Estado abriu uma brecha na Constituição, pela qual ela poderia introduzir o direito de legislar "próprio" do soberano que as "fontes primárias", via "legislação formal", poderiam limitar, mas não eliminar. As bases políticas da distinção entre "lei no sentido formal e lei no sentido material", segundo um uso da linguagem cuja incorreção não é tão inofensiva quanto parece, são os motivos de uma teoria que procura definir aquela que – segundo prescreve a Constituição – é a forma das leis, designando-a como a própria lei. Da ideologia conservadora da monarquia constitucional deriva, em geral, a tendência para separar a esfera do Estado da esfera do direito, como também essa tentativa de definir a "legislação formal" como função do Estado e a material como função do direito. A visão parcial dessa ideologia torna Smend cego diante da impossibilidade de suas conseqüências. A "legislação no sentido formal" como função do Estado deve ser determinada através de sua relação com o "executivo", isto é, com a administração e não com a justiça. Mas é então a forma nua da lei que deve ser seguida pela administração? Ou não se trata, sobretudo, de leis administrativas materiais? Na verdade, para Smend o que conta é somente ressuscitar, a qualquer custo, todas a velhas teorias conservadoras da teoria do direito do Estado que remontam ao período da monarquia constitucional e, sobretudo, não admitir a administração como função do direito. Apesar de, atualmente, as leis administrativas não poderem mais ser consideradas inferiores em intensidade nem em extensão às leis judiciais, apesar de o processo administrativo assemelhar-se cada vez mais ao processo judicial e nenhuma diferença quantitativa entre a justiça e a administração poder motivar um, injustificado, mal entendido pelo qual exista entre as duas uma diferença qualitativa em relação ao seu caráter jurídico, de modo que uma seria direito em sentido pleno enquanto a outra, ao invés, seria um direito, por assim dizer, pela metade, Smend acredita dever advertir que "as dúvidas sobre a possibilidade de a administração produzir um direito verdadeiro e próprio" "não são levadas suficientemente a sério" (p. 101). E pensar que ele é também professor de direito administrativo! Trata-se certamente de "direito" mas não de um direito "verdadeiro e próprio", mas apenas de um direito impróprio. Mas como se faz para reconhecer um direito "verdadeiro e próprio"? Na graduação das leis não deve ser uma tarefa fácil. Uma lei relativa, por exemplo, ao seguro obrigatório para os trabalhadores é uma lei – formal e material – da mesma maneira que uma lei relativa ao seguro privado. Que a primeira seja aplicada aos funcionários administrativos e a segunda, aos juízes, constitui, é verdade, uma diferença de organização. Mas se o legislador quisesse, por um motivo qualquer, confiar aos juízes a aplicação das leis relativas à segurança dos trabalhadores? O "direito" à segurança dos trabalhadores seria transformado, assim, de um direito impróprio num direito próprio? Mas Smend nos fornece aqui um outro critério, que lhe parece mais seguro. A vida jurídica depende do valor da "justiça" (p. 101). Direito significa, portanto, "em sentido próprio", justiça. Mas aqui este desdenhador do liberalismo incorre, sem se dar conta, em um preconceito genuinamente liberal! Porque a jurisdição civil e penal, que estão submetidas substancialmente ao signo da retribuição, servem à justiça, uma vez que somente através dessa jurisdição a justiça pode realizar-se: esta é a visão fundamental do Estado, se limitarmos o liberalismo à perspectiva da função jurídica. Também para este liberalismo o Estado deve ser legitimado mediante a idéia de justiça; e como o Estado não deve fazer mais que realizar o "direito", isto é, o direito dos tribunais – esta deveria ser a idéia do assim chamado Estado "de direito" liberal –, a idéia da justiça deve ser reduzida a este restrito conceito jurídico. Assim da *"justitia"* deriva-se a jurisdição. Que a justiça deva consistir apenas na jurisdição, significa o mesmo que afirmar que o Estado deve limitar-se à justiça. Uma é apenas a ideologia que justifica a outra. E na mesma medida que a função estatal se estende da administração à jurisdição, a justiça também é reconhecida como idéia para esta atividade do Estado. Ou não é uma questão pertinente à função judicial aquela relativa ao "se" e ao "como" são postas em prática as leis promulgadas para tutela dos trabalhadores e aplicadas pela administração? Não é um problema de justiça aquele relativo ao se e em que medida o Estado toma conta da formação e da saúde de todos, em vez de deixar a preocupação com estas necessidades àqueles que, sendo suficientemente fortes do ponto de vista econômico, podem satisfazê-las? Na mesma medida em que o Estado se transforma de um simples Estado jurisdicional em um Estado administrativo, isto é, em um Estado assistencial ou social, amplia-se também a idéia da justiça, passando-se de uma administração incorporada na mera justiça retributiva a uma justiça distributiva realizada, sobretudo, na administração. Dizer "*justitia fundamentum regnorum*" era também a divisa do Estado policial absoluto, que já era, sem dúvida, um Estado administrativo. Não creio que Smend pretendesse liquidar esse princípio, a não ser no que se refere à função principal do Estado policial como simples ideologia. Sim, justamente a administração depende tanto da idéia – afirmada pela teoria liberal apenas para a jurisdição – segundo a qual mediante a justiça distributiva, que ela deve realizar, torna-se praticamente supérflua a justiça retributiva efetuada pela justiça. A idéia da justiça não é, portanto, somente a ideologia do direito, mas é também a ideologia do Estado.

A partir dessas premissas, em sua maioria liberais, Smend chega ao resultado final que "a legislação formal" e a administração – ele diz "legislativo e executivo" de modo muito enganador – "são pensáveis exclusivamente no Estado, ao passo que a legislação material e a jurisdição são também pensáveis como externas ao Estado" (p. 102). A legislação formal, isto é, a forma da lei específica da monarquia constitucional e da república parlamentar certamente só é possível no Estado, e apenas neste Estado. E também a "legislação", se com tal termo se entende, fundamentalmente, a fonte produtiva de normas gerais, é externa ao Estado. Mas por que "a administração", ao lado da jurisdição, não deveria ser "possível fora do Estado" é algo francamente incompreensível. Se existisse um trabalho jurisdicional não estatal, poderia existir também uma administração não estatal. Na verdade, existe uma legislação, assim como uma administração e uma jurisdição – se estes conceitos forem utilizados no sentido específico conforme Smend os utilizou até agora – como funções de uma autoridade relativa a uma organização soberana que desemboca, ao fim e ao cabo, num ato coercitivo – apenas como funções estatais que possuem, assim, o mesmo caráter de funções jurídicas. Pois isto é o essencial do ordenamento jurídico estatal ou do ordenamento estatal entendido juridicamente, o fato de ele, e somente ele, ter o caráter de um ordenamento coercitivo, do qual podem apresentar-se como funções apenas a administração e a jurisdição, no sentido específico referido por Smend.

A tripartição smendiana da integração em Estado–administração–direito que, como demonstrado, o próprio Smend não consegue respeitar, tem, sobretudo, o objetivo de valorizar aquela atividade do Estado que, na teoria tradicional – mas apenas do ponto de vista da valoração de uma função política –, parece ter sido desvalorizada: o governo. Já demonstrei, de forma mais detalhada, na minha obra *Allgemeine Statslehre*[31] que, em uma teoria das funções estatais, não é necessário nenhum conceito próprio para a atividade dos órgãos administrativos superiores, porque no âmbito de competência do "governo" se entrelaçam as funções da administração com as da legislação (iniciativa legislativa) e da jurisdição (nomeação dos juízes). Smend não possui nenhum outro argumento para provar sua opinião contestada senão sustentando que o governo é "uma função exigida pela natureza das coisas com tarefas específicas de integração" (pp. 102, 103). Mas, de um ponto de vista teórico, tudo isso não demonstra absolutamente que a essência da Constituição, assim como a do Parlamento, do brasão estatal, bandeiras etc., enfim, do Estado em geral, encontra-se na "integração". Mas, sobretudo, ter identificado a função de integração no governo não foi adequado para distingui-lo da administração porque Smend supôs ter reconhecido a natureza da administração – como a atividade da burocracia –, apresentando-a não como função puramente técnica, mas como in-

---

31. A.a.O., pp. 244 ss.

tegração (p. 30). Se o governo significa um tipo específico de integração, então a teoria da integração não se distingue, na definição conceitual da relação entre governo e administração, da teoria tradicional – permanecendo sujeita a esta última – enquanto ela define o governo como administração particularmente qualificada. De resto, não teria nenhum valor o que Smend diz, nesse ponto, a respeito do "governo", se ele não associasse o governo à ditadura. Não entendida como uma forma particular de governo mas, junto deste, como um tipo particular e imediato de integração política (p. 105). Porque essa teoria vê também a essência da ditadura no fato de que o "valor de integração", que lhe atribui "sua posição particular", é o seu "princípio regulativo" (p. 103). Deve-se, efetivamente, ficar surpreso com uma teoria que acredita ter cumprido a sua tarefa de distinguir conceitualmente simplesmente rotulando como "integração" tudo o que lhe aparece pela frente. Naturalmente, nesse ponto não lhe resta mais nada a apontar como momento diferenciador de objetos particulares, o que teria permanecido possível se o objeto já não tivesse sido munido da marca da integração. Também é assim com a definição da ditadura, que é um estado de exceção no qual são sufocadas as formas normais de legislação, administração e jurisdição para dar lugar a uma forma extraordinária destas funções as quais são, em qualquer medida, concentradas nas mãos de um mesmo órgão. Essa representação encontra-se também na exposição smendiana ou é por ela pressuposta. Mas está, por assim dizer, oculta por um monte de arabescos inúteis. Como para Smend justiça, administração e governo manifestam-se como valores de direito administrativo e de integração e, sobretudo, através da ditadura, o governo normal, para usar a estranha terminologia smendiana, é reprimido pelo "valor de integração", emerge para todos e para qualquer um, mas especialmente para a teoria que caracteriza a ditadura como "integração", uma curiosa dificuldade: como é possível determinar a essência da ditadura através do valor de integração se a sua natureza consiste justamente em entrar "no lugar" do valor de integração, isto é, do governo? A solução não é menos curiosa. É a seguinte: o valor de integração apresenta-se como uma variante da ditadura. Esta variante consiste em que ele – o valor de integração – apresenta-se "apenas na sua projeção sobre a realidade externa" (p. 103). Não nos é dado saber, por outro lado, se o valor de integração como "governo" projeta-se sobre a realidade "interna". Essa "projeção sobre a realidade externa" não se torna mais compreensível pela citação das palavras do art. 48 da Constituição de Weimar sobre "a segurança e a ordem pública no Império alemão", ao menos até que se diga que o valor de integração "assim modificado remove temporariamente os valores de direito, de bem-estar e, mesmo o de integração para abrir espaço ao poder técnico da mesma forma que à administração das 'medidas' ditatoriais (art. 48 a. a. O.) em função de sua própria restauração" (p. 104). Para descobrir o que significa, deve-se primeiro – *sit venia verbo* – destacar a estrutura do pensamento: o valor de integração, que é a essência da ditadura, remove o valor de integração, que também é a essência do governo, ou seja, a si mesmo, para abrir espaço ao poder ditatorial – isto é, ao valor de integração. Ele está, neste caso, "a serviço de sua própria realização". Mas por que o valor de integração remove-se de todos valores para ganhar espaço, ou seja, para restaurar-se? A completa falta de conteúdo do conceito de integração mostra-se imediatamente quando Smend tenta, de maneira incauta, fazê-lo tomar o lugar dos objetos particulares que ele pretendia caracterizar a partir desse mesmo conceito. Se a "ditadura" é a mesma coisa que o "governo", vale dizer, integração – nesse sistema tudo é integração –, então a substituição do governo pela ditadura é simplesmente incompreensível. Smend, naturalmente, percebe a impossibilidade da situação e tenta salvá-la – por assim dizer, no último momento – distinguindo a "integração" que representa o poder ditatorial da integração que representa o "governo". O valor de integração (do governo) que é removido pelo valor de integração (da ditadura) deve ser o valor de integração "no seu sentido" mais comum, mais pleno e mais profundo "(estas palavras foram omitidas na passagem supracitada e substituídas por reticências); sem, contudo, tornar mais precisa esta frase embaraçosa, que resulta óbvia e inconsistente, e sem fazer o mínimo esforço para dar uma explicação à afirmação segundo a qual a integração como princípio de governo tem um sentido diverso da integração como princípio da ditadura, e porque o sentido deve ser no primeiro caso "mais pleno e profundo" do que no segundo caso. E como Smend percebe claramente que com isto não diferencia o governo da ditadura, procura utilizar um outro critério: "o poder das medidas ditatoriais" – nestas medidas reside o poder da ditadura – é designado como poder "técnico semelhante à administração". Com isto Smend mete-se definitivamente em apuros. Porque desse modo anula metade da distinção entre administração e governo que ora havia ressaltado – salvando-se apenas com a inserção de uma categoria intermediária de funções apenas "análogas à administração" – mas jogando fora completamente o reconhecimento tão enfaticamente proclamado do "contraste" essencial entre atividade integrante e atividade técnica (p. 29).

Que não se pode levar muito em consideração a "teoria" da ditadura é evidente. De fato, não sai nada desta "teoria". Não creio que entre cem leitores possamos tirar um que – capaz de raciocinar de verdade – consiga seguir essas confusas reflexões. Sobre a maior parte age apenas a atmosfera geral na qual essas exposições sobre a ditadura estão imersas. E essa atmosfera está cheia de simpatia implícita pela ditadura. Mesmo que Smend não admita querer chegar tão longe quanto Schmitt, o qual – distinguindo, de forma não muito clara, o valor da ditadura do valor político segundo critérios científicos – individua na ditadura a expressão mais pura da essência do Estado. Mas pela posição particular – não justificável do ponto de vista lógico-sistemático – que Smend atribui à ditadura, colocando-a ao lado do governo; e pela sua explícita qualificação como valor de integração, em cuja primazia sobre o valor de administração e do direito a maioria dos leitores deveria acreditar, concede-se vida a uma orientação muito favorável em relação à ditadura, que é sentida especialmente quando se confrontam as exposições relativas à ditadura com aquelas dedicadas por Smend ao Parlamento e ao parlamentarismo. Smend utiliza demais e com excessiva freqüência o conceito de integração como expressão de um juízo de valor político, para ter o direito de distinguir um mal entendido a respeito de sua teoria objetiva, caso esta fosse interpretada como apologia da ditadura.

6. As formas de Estado

Como para Smend o problema da "forma de Estado" constitui "a questão mais árdua e, ao mesmo tempo, o coroamento da teoria do Estado e especialmente da teoria da Constituição" (p. 110), a solução dada a esse problema pela teoria da integração oferece a ocasião para julgar, de modo particularmente acurado, o seu valor e, justamente neste capítulo, concentra-se sua maior presunção, totalmente desproporcional em relação aos seus resultados. Quase tudo que a teoria das formas de Estado alcançou até agora é refutado como totalmente errado. Finalmente, apenas a teoria da integração seria portadora da tão procurada luz. Na realidade, o que emerge é apenas a tentativa que a caracteriza como um obscurecimento. Inutilmente se procurará em Smend uma clara e inequívoca definição do conceito por ele aceito da forma de Estado, em vão uma clara e inequívoca definição do critério pelo qual se diferenciam as várias formas de Estado. De uma maneira muito vaga, afirma-se que "com o problema da forma de Estado" trata-se do "problema do sistema de integração" (p. 112). Mas disso se trata, contudo, a propósito de todos os problemas dessa teoria do Estado que se contenta em colar sobre todos os objetos de seu âmbito de conhecimento a etiqueta da "integração". Todavia, neste ponto, alguma coisa é especificada de um modo mais detalhado, já que o problema dos sistemas de integração – assim como o das formas de Estado – é definido como o problema "dos modos como se combinam os fatores de integração" (p. 112). Diversas formas de Estado são, assim, diferentes combinações de fatores de integração e dever-se-ia, antes de tudo, conhecer os possíveis fatores de integração. Infelizmente trata-se, não obstante, de questões preliminares, Smend não se sente motivado a oferecer uma representação exaustiva dos possíveis fatores de integração. Prudentemente, limita-se a fornecer algumas provas ou exemplos: os fatores de integração pessoais, funcionais e materiais. Poder-se-ia então esperar que Smend explicasse ao menos as diversas combinações desses três fatores, das quais resultam as várias formas de Estado. Mas, infelizmente, não se aprende aqui nada de mais, a não ser que nenhum Estado pode ser fundado apenas sobre a integração funcional nem, igualmente, sobre a material (p. 112). Pode-se presumir que isto não seja possível, segundo Smend, nem mesmo a partir apenas da integração pessoal, ainda que, até onde me é dado ver, não esteja dito explicitamente em nenhum lugar. Em qualquer Estado devem estar em jogo, o que significa que devem combinar-se, todos os três fatores – e, quem sabe, ainda outros, até agora ignorados pelo próprio Smend e por seus leitores. Com esta afirmação conclui-se o capítulo: "de qualquer modo, as formas de Estado são sistemas de integração de uma totalidade compreensiva. Conseqüentemente, todos os tipos de integração combinam-se necessariamente e, portanto, não podem ser entendidos como princípios estruturais que devessem atravessar, uniforme e singularmente, todos os órgãos ou as funções estatais" (p. 115). A verdadeira questão: em que consiste a combinação particular dos fatores de integração ou dos tipos de integração mediante os quais uma forma de Estado distingue-se de outra, fica sem resposta e, em conseqüência, até mesmo o problema das formas de Estado – pelo menos do ponto de vista da teoria da integração – permanece insolúvel. Em suma, o conceito de forma de Estado é, em definitivo, diluído no conceito de Estado, pois sob o título "*A unidade do sistema de inte-*

gração. *Os tipos de integração em sua relação recíproca"* (p. 56), Smend representou como "sistema de integração de uma totalidade compreensiva" o Estado ou a realidade do Estado.

Pode-se, assim, deixar de lado tranqüilamente tudo que foi dito sobre a integração no capítulo *"Formas de Estado"* – que é idêntico ao que se pode encontrar nos outros capítulos – quando se pretende saber o que Smend tem a dizer de positivo sobre as formas de Estado. O que é essencialmente a mesma coisa que se pode encontrar a respeito nos tratados ou manuais tradicionais. Smend distingue entre duas formas de Estado, a monarquia e a república, mas sustenta que o conceito de república deve ser substituído pelo de democracia. Isso não é muito original, pois já foi feito pela teoria normativa do Estado[32]. Mas talvez ele nos traga um novo critério de distinção? Qual é então para Smend a essência que distingue a monarquia da democracia? O fato de que a monarquia integra "mediante um mundo de valores fundamentalmente não discutido" (p. 113). Essa afirmação da mais alta obscuridade pode ser deixada como está, uma vez que, segundo Smend, a monarquia distingue-se, por isso, apenas do parlamentarismo o qual, porém, é uma "forma de Estado liberal" e, enquanto tal, não pode ser absolutamente uma forma de Estado (p. 112). Smend baseia-se principalmente na integração funcional que, todavia, não é ulteriormente explicada[33], mas precisa que a democracia é

---

32. Cf. o meu *Allgemeine Staatselhre*, pp. 320 ss.

33. Cf. no seu ensaio, publicado em 1923, *Die politische Gewalt im Verfassungsstaat um das problem der Staatsform* (oferecido a Wilhelm Kahl pela Faculdade Jurídica de Berlim), Smend tenta uma teoria completamente diferente das formas de Estado: distingue entre uma integração estática e uma integração dinâmica e contrapõe ao "parlamentarismo" como integração dinâmica "todas as formas remanescentes de Estado" (p. 23) como integração estática. Em sua nova obra, Smend claramente abandonou esta teoria. O contraste fundamental entre integração estática e integração dinâmica desapareceu, enquanto incompatível com a nova tese, uma vez que na integração como processo essencial do Estado manifesta-se justamente essa dinâmica. Uma "integração estática" é – do ponto de vista de uma teoria smendiana da integração – uma contradição nos termos. Se o que é determinante é a dinâmica, então to-

"como a monarquia, uma forma de Estado mantida em conjunto por um conteúdo" (p. 113). "A monarquia e a democracia constituem em si mesmas um grupo entre as formas de Estado" – parece aqui que Smend conhece outras formas de Estado além da monarquia e da democracia, mas não nos revela – "enquanto ambas possuem a sua característica essencial em um determinado conteúdo material, em virtude do qual possuem uma legitimidade específica sua, um *ethos* e um *pathos*" próprios (p. 115). *Ethos* e *pathos* podem ser deixados de lado por um momento, enquanto se ressalta o "conteúdo material", o qual constitui a característica distintiva mais importante da monarquia e da democracia ou – poder-se-ia dizer própria, já que se trata da "característica essencial" – que "integra" a monarquia e democracia? Mas esta seria, então, uma "integração material", ou seja, integração através do "conteúdo material" (p. 47), mediante o qual não se pode legitimar nenhum Estado, nem pode manifestar-se nenhuma forma de Estado! O "conteúdo material" que constitui a monarquia e a democracia não pode, portanto, constituir um conteúdo material integrante. Poder-se-ia encontrar algum consolo se pelo menos pudéssemos saber em que consiste realmente o conteúdo material da monarquia e da democracia. Também essas questões decisivas estão fadadas a permanecer sem resposta. Da exposição de Smend pode-se deduzir sobretudo que, em relação à democracia, o conteúdo material determinante não é o princípio formal majoritário, que devem ser distintos, e que esse conteúdo material deve ser "homogêneo". E, por precaução, diz-se que "é democrático e não parlamentar que as declarações oficiais do Parlamento francês, assim como as dos

---

das as outras formas de Estado que se fundam sobre a integração estática não são verdadeiramente "formas" de Estado; portanto, apenas o parlamentarismo, com a sua integração "dinâmica", é uma forma verdadeira de Estado! O próprio Smend em seu ensaio de 1923 o trata absolutamente como "forma de Estado". Mas, em seu ensaio de 1928 o parlamentarismo – que antes era integração "dinâmica" – perde o caráter de forma de Estado. Cf. também minhas considerações em *Allgemeine Staatslehre*, pp. 326 s., 411 s.

seus estadistas, não se cansam de elogiar a própria justiça, magnanimidade etc. de forma incompreensível para o sentido estético e ético dos não franceses: faz-se apelo a essas virtudes políticas cardeais do país como algo em que se alcança unanimidade democrática e que é chamado à consciência por esses alardeadores da auto-exaltação integrante; e não é essencialmente diverso o conteúdo de sentido no qual crê a democracia americana, que se sente unida enquanto portadora de uma missão política universal, definindo-se a si mesma como uma *aggressive democracy*" (p. 114). Mas, prescindindo do fato de que com isso não se diz nada de específico sobre o "conteúdo material" da democracia, estabelecendo unicamente que na França e na América determinadas ideologias são eficazes, resulta simplesmente incompreensível por que a auto-exaltação deva ser democrática e não parlamentar, tornando claro que de tal forma não se diz nada essencial sobre a distinção entre monarquia e democracia, uma vez que também os monarcas e os estadistas da monarquia exaltam os seus próprios Estados, sua justiça, magnanimidade etc. Corresponde a uma conhecida observação da psicologia social o fato de no indivíduo isolado a consciência reprimida do seu próprio valor (exigência da modéstia) surgir mais intensamente como consciência do valor do grupo, entendida como orgulho de grupo nacional. O indivíduo, que não pode dizer de si mesmo que é o mais nobre, o mais valoroso, o mais magnânimo dos homens, pode falar de si mesmo, usando o *pluralis majestaticus*, como um ser coletivo. Nesse ponto, os Estados são iguais de todas as formas. E o "conteúdo material" específico, mediante o qual se determina a essência da democracia e da monarquia, será considerado, mesmo em contextos diversos, um momento através do qual as duas formas de Estado não se distinguem. Em virtude do seu conteúdo material, Smend assegura assim que a democracia "não precisa excluir a monarquia mas pode entrar em contato com ela, caminhar junto dela – não havendo contradição no fato de existirem monarquias democráticas" (p. 113). Qual é, então, a diferença entre as duas únicas formas de Estado das quais, de modo geral, Smend fala? Seriam elas idênticas por serem, de modo geral, "Estados", isto é, integrações ou sistemas de integração? A teoria da integração renuncia então a uma distinção ulterior e, portanto, também ao problema das formas de Estado? Ora, não é bem assim, mesmo se ela abdicar de resolver a coisa autonomamente. Portanto, constrangido pelas insignificantes locuções gerais a atingir um critério inteligível das formas de Estado, Smend acaba agora por desembocar na visão tradicional para a qual "o conceito da democracia distingue-se do conteúdo de sentido integrante da monarquia, ou melhor – no sentido da contraposição aqui evidenciada –, do Estado autoritário, pelo fato de ser sustentado por uma quanto mais vasta cidadania ativa e pelo fato de ter vivido e se aperfeiçoado como patrimônio pessoal. O caráter opressivo do 'Estado autoritário' não é tanto encontrado em sua substancial injustiça quanto no fato de operar em nome de relações de sentido e universos de valor político que os governados não sentem mais como próprios, ou seja, produzidos ou ativamente aprovados por eles. O núcleo da construção do 'Estado popular' está na eliminação desta heteronomia, real ou presumida, do conteúdo de sentido do Estado" (pp. 114-5). Democracia é autodeterminação. Este é o verdadeiro significado dessas numerosas palavras que inutilmente se esforçam por preencher desde o exterior um resultado simples. Não se pode deixar de perceber aqui – apenas porque se diz que o "conteúdo de sentido integrante" é aquele "vivido e aperfeiçoado como patrimônio pessoal" na democracia por uma quanto mais vasta cidadania ativa, que a monarquia "atua em nome de relações de sentido e universos de valor políticos não mais sentidos pelos governados como próprios, por eles produzidos e aprovados" e que o núcleo da construção do Estado popular consiste na eliminação dessa "heteronomia do conteúdo de sentido do Estado" – que o critério inteligível proposto tenha outro sentido senão que a essência da democracia consiste na quanto mais vasta extensão da cidadania ativa, isto é, na autonomia.

A doutrina das formas de Estado de Smend não pode nem ao menos reivindicar originalidade. É surpreendente que não haja aqui nenhum resultado teórico, mas somente uma tendência política: a refutação do parlamentarismo. Em outro contexto, Smend já deu uma contribuição para essa refutação, subtraindo do parlamentarismo – na verdade, apenas para a Alemanha – o título e o caráter de fator de integração. Agora ele se vê autorizado à sua condenação radical, retirando-lhe, para todo universo político e todos os períodos históricos, o título e o caráter de uma forma de Estado. "O parlamentarismo não é uma forma de Estado porque nenhum Estado pode ser fundado apenas na integração funcional" (p. 112). Para quem tem ainda presente o capítulo sobre a "integração funcional" essa é a razão pela qual é estranhamente negada ao parlamentarismo na Alemanha qualquer possibilidade de integração – aqui "essa (...) forma de integração falha" (p. 37) –, enquanto para a França o parlamentarismo deve ser reconhecido como "a forma apropriada de integração política". Também para a teoria segundo a qual o parlamentarismo não seria uma forma de Estado, parece difícil o confronto de todos os Estados históricos com a "realidade efetiva", ou seja, com a "vida", conceito por demais recorrente na obra de Smend. A menos que não se queira riscar da lista de "Estados" a Inglaterra parlamentar ou não se pretenda mais definir como tal esta forma clássica de parlamentarismo: parlamentarismo no sentido proposto pela teoria da integração; opinião que ela infelizmente sustenta. Mas se ao invés ela quisesse dizer que por esse motivo a Grã-Bretanha não pode ser considerada um exemplo contra a sua tese, já que ela tem não apenas um Parlamento mas também um chefe de Estado, tribunais, autoridades administrativas, marinha e exército, deve-se igualmente objetar que isso vale para todos os Estados e também para a atual Alemanha, uma vez que sob o rótulo do parlamentarismo não se tem jamais uma representação da realidade estatal mediante um único órgão, o Parlamento, mas compreende-se sempre uma forma de Estado na qual o Parlamento tem, em relação a todos os outros órgãos, a maior influência na determinação da vontade estatal. A partir desta determinação conceitual, pode ser julgada a tese segundo a qual o parlamentarismo não seria, de fato, uma forma de Estado.

Ainda mais estranho do que todo esse exagero paradoxal é um outro recurso, do qual Smend se serve em sua luta contra o parlamentarismo. Todos sabem que parlamentarismo e democracia não são conceitos idênticos, já que a forma parlamentar é apenas uma determinada forma de democracia indireta, necessária a um Estado moderno que se estende sobre um vasto território abrangendo uma população de milhões de pessoas. E todos sabem que para esse Estado moderno o parlamentarismo que, naturalmente, pode apresentar variações significativas, é a única forma possível de democracia. Uma forma que pode ser recusada por motivos muito bons, todos redutíveis ao seguinte: que se recuse a democracia também – ou por isso mesmo – na forma limitada na qual somente ela é possível no Estado moderno; mas que por um único motivo não pode ser recusada, isto é, porque supostamente, a propósito da democracia, a considera de nenhuma forma ou insuficientemente realizada no parlamentarismo. Portanto, a situação do Estado moderno resulta em que o princípio democrático não pode ser realizado senão como parlamentar. Por isso a luta contra o parlamentarismo é, na verdade, uma luta contra a democracia. No fundo, é apenas uma questão de honestidade conduzir essa batalha abertamente como luta contra a democracia.

Pertence aos métodos da política bolchevista – que não quer, de fato não tolera, por vários motivos, a democracia e por isso aponta para o seu exato contrário, ou seja, a ditadura e, mais precisamente, a ditadura de uma classe, ou melhor, de um partido – esconder o próprio escopo ideológico com a pretensão de lutar não contra a democracia mas, sobretudo, contra o parlamentarismo e, por isso, pela democracia, ou seja, pela "verdadeira"democracia: pela democracia como a entende o bolchevismo; e ele se refere a uma tal "democracia" que é de todo idêntica à ditadura. Essa degradação do conceito explica-se pelo fato de o bolchevismo não querer renunciar à extraordinária força de atração e à alta valência emocional que a idéia de democracia – devido ao valor de liberdade que ela representa – possui e certamente continuará possuindo enquanto os homens se opuserem à opressão originária de qualquer ordem social. Por isso as tentativas, continuamente empreendidas e típicas da teoria política marxista, de torcer e distorcer a tal ponto o conceito de democracia até que lhe seja retirado por completo o princípio majoritário, o processo dialético entre maioria e minoria, a projeção das minorias etc. e legitimada, no seu interior, a ditadura[34].

Muito semelhante é o método utilizado por Smend ao apresentar o combatido parlamentarismo, não como um caso particular de democracia, mas, ao contrário, como a forma exclusiva de democracia. O que é errado do ponto de vista histórico uma vez que o Parlamento do sufrágio universal e igual é o resultado de uma evolução cujo sentido consiste exatamente na maior extensão possível da participação popular na determinação da vontade estatal, isto é, na maior extensão possível da cidadania ativa, em suma, naquilo que o próprio Smend considera como democracia. E não é menos errôneo quando identifica o parlamentarismo com o liberalismo. Que o parlamentarismo não possa ser considerado uma forma de Estado deve-se ao fato de ele ser uma "forma de Estado liberal" (p. 112). Apenas segundo a sua idéia completamente negativa, liberalismo significa limitação do Estado a determinadas funções e, em particular, exclusão do Estado do âmbito da economia. A ideologia da liberdade conduz o liberalismo indiretamente, ao passo que a luta contra os privilégios aristocráticos conduz a burguesia político-econômica liberal diretamente à democracia[35]. À democracia e não propriamente ao parlamentarismo. So-

---

34. V. o meu trabalho *Sozialismus und Staat*, 2.ª ed., 1923, pp. 153 ss.
35. V. o meu *Allgemeine Staatslehre*, pp. 31 ss.

mente este é aceito pela burguesia liberal como única forma possível de democracia entendida como autodeterminação política. Mas Smend usa em sua batalha contra a democracia – que é, desde já, sua batalha contra o parlamentarismo – uma fórmula pela qual permanece íntegra a idéia de democracia. É a fórmula segundo a qual dizer parlamentarismo equivale a dizer liberalismo. Uma vez que hoje o liberalismo está por toda parte, tanto à direita quanto à esquerda, em processo de desvalorização, então uma investida contra ele não encontraria nenhuma resistência podendo, possivelmente, até mesmo contar com o consentimento geral. Depende talvez da pretensão de fazer o parlamentarismo passar por filho do liberalismo e não por aquilo que ele efetivamente é, ou seja, uma forma particular de democracia limitada? Tudo isso demonstra o quanto a argumentação de Smend é, na verdade, voltada contra a democracia – da mesma forma que o seu verdadeiro alvo, quando agride o parlamentarismo, é a democracia – e o quanto ele se aproxima da teoria política do bolchevismo. O que significa dizer que, para Smend, a democracia é conciliável com a ditadura, tanto que ele acredita dever repetir "que a democracia, não obstante o seu princípio majoritário, pode achar-se em minoria e, por isso, ter necessidade da ditadura para afirmar-se" (p. 114). Se se considera o quanto Smend tem-se esforçado para eliminar qualquer contraste entre democracia e monarquia, pode-se, de forma geral, fazer uma idéia do tipo de coisa que deve ser essa democracia que necessita da ditadura para se afirmar. É uma democracia que não se diferencia de uma monarquia pelo particular conteúdo material da sua essência, porém "mistura-se com ela e com ela 'caminha lada a lado'". Essa é uma democracia cuja idéia é mantida sem reservas em uma Constituição monárquica[36] para ser totalmente anulada

---

36. É seguro que Smend, com essa concepção da essência da democracia, refere-se a Kant, para quem o conceito de república compreende o de democracia. Mas o conceito de república, segundo Kant, abrange, não encerra, o de monarquia, porque para ele seria – como Smend afirma – "não uma negação formal", mas "a expressão de uma plenitude conteudística". E (p. 113)

em uma Constituição parlamentar; claramente porque aqui funciona como órgão superior um colégio eleito livremente, por toda a população, enquanto lá atua um monarca hereditário. Em síntese, uma democracia monárquica que se pode também definir como a república chefiada pelo imperador.

7. A Constituição de Weimar

Para concluir, resta apenas considerar as aplicações da teoria da integração ao direito constitucional positivo, particularmente à Constituição do Reich alemão. Em verdade, podereis reconhecê-la por seus frutos! Aqui a teoria de Smend põe-se à prova num confronto constante entre a Constituição bismarckiana do Reich imperial e a Constituição weimariana da República alemã. E o resultado desse confronto, para uma teoria que considera a "integração" tarefa essencial da Constituição, não precisa ser explicado: a Constituição bismarckiana foi concebida com uma "plena, embora irrefletida, clareza acerca dessas tarefas" (p. 79), ela é um "exemplo perfeito, embora irrefletido, de uma Constituição integrante" (p. 24); ao passo que os "legisladores constituintes de formação teórica, como os de Weimar, ignoraram que aqui está o primeiro problema de uma Constituição" (p. 24). Como a República da Alemanha ainda é "real", ou seja, na linguagem de Smend, "integrada", enquanto o Reich imperial não é mais, a argumentação pode suscitar uma curiosidade qualquer. Para Smend o fardo não é leve. Existe, sobretudo, o contraste entre função técnica e integrante. Smend deve admitir que a Constituição bismarckiana – para distingui-la, por exemplo, da Constituição da igreja de Paulo (*Paulskirche*) –

---

mais determinado sob o aspecto conteudístico é o conceito de república, tanto que este deveria abranger o de monarquia, mas pela razão segundo a qual o termo república em Kant guarda o significado originário de "*res publica*", que é o significado geral de "Estado" e não aquele de uma forma particular de Estado.

apresenta-se "como meramente técnica" (p. 121), ou seja, como uma Constituição não integrante. De fato, todos aqueles elementos aos quais a teoria da integração atribui um peso particular – trata-se de fatores essencialmente ideológicos – estão em segundo plano ou completamente ausentes na Constituição bismarckiana que, por um respeito político com relação à suscetibilidade dos diversos príncipes dos Estados confederados, teve de servir-se de uma forma de representação muito sóbria. Nenhum dos "toques de fanfarra com os quais um hodierno Estado nacional dá início à formulação autônoma da própria essência na sua Constituição; um preâmbulo enfático" (p. 121); os símbolos do Estado, brasões e cores só serão explicados no art. 55 "como um assunto rigorosamente técnico". O próprio imperador, "esse fator de integração nacional de força superior", é apresentado na Constituição bismarckiana "sob o título incolor de 'presidência', na qualidade de segundo órgão na hierarquia organizacional do Reich" (p. 122). A Constituição bismarckiana não toma conhecimento evidentemente de sua própria função. E justamente a "coroa imperial" deve a própria existência apenas a uma "furtiva interpolação" (p. 124). Além do mais, a Constituição bismarckiana não contém um catálogo dos direitos fundamentais, instrumento principal de integração segundo Smend. Ela evitava – sustenta Smend – que o império por ela fundado tivesse uma "forma de Estado" e com isso uma "legitimidade autofundante" (p. 123). Sim, Smend vê-se mesmo obrigado a confessar que o império fundado sobre a Constituição bismarckiana, "à primeira vista, consiste essencialmente em um sistema de integração funcional" (p. 123), exclusivamente sobre o qual nenhum Estado pode ser fundado – como ele esclarece em um outro contexto (p. 112). Como se explica então que esse Reich, que, todavia, é um Estado – como Smend admite, apesar de tudo – "fosse exatamente o Estado nacional alemão ao qual se aspirava"? (p. 124). Ora, simplesmente: "a força legitimadora" – o que aqui é o mesmo que dizer, para Smend, integrante – "da idéia do Estado nacional e do Parlamento nacional" – ao qual Smend negou, explicitamente, no que diz respeito à Alemanha, a força integrante (p. 37) – "afirmava-se já por si mesma" (p. 125). Evidentemente isso não dependia, portanto, da Constituição. Em conseqüência, o Reich não deveria ter "nenhuma legitimidade autofundante" (p. 123). Mas esse império teve "a ambição, praticamente muito mais importante, de ser" – não o sujeito de direito ou o soberano – "mas de ser legítimo. E isso, de modo singular" – isto é verdadeiramente singular! – "não obstante" ele – o Reich e não a constituição! – "evitasse acuradamente o momento que fundava a legitimidade no século XIX e a realização mesma de sua legitimidade específica em uma determinada forma de Estado" (p. 124). Em todo caso, o Reich não deve essa legitimação à Constituição bismarckiana. E por isso talvez fosse possível compreender então o que Smend entende quando afirma "que o novo Reich da nação alemã deveria nascer, de certa forma, junto a e apesar da" sua Constituição (p. 124). Resulta totalmente incompreensível como Smend pode, entretanto, sustentar enfaticamente – ainda que em outro contexto do mesmo ensaio – que justamente essa Constituição é um "exemplo perfeito de Constituição integrante" (p. 24); sim, como ele poderia comparar essa Constituição bismarckiana "junto a e apesar da" qual o Reich alemão é integrado, àquela de Weimar que, malgrado a formação teórica dos seus autores, "ignorou" (p. 24) a tarefa mais importante de uma Constituição, vale dizer, integrar; embora a própria Constituição weimariana "no preâmbulo, nas disposições relativas à forma de Estado, na simbolização do *ethos* estatal, através das cores, do catálogo de direitos fundamentais, etc. defina os fundamentos e as justificações finais da vida estatal alemã" (p. 126), de forma que o Reich se deixa-se integrar ao Estado nacional alemão exatamente mediante todos os instrumentos que a mesma teoria smendiana apresentava como fatores específicos da integração estatal autônoma! Mas é também uma Constituição "revolucionária" (p. 126), e a partir daí pode-se dizer que o Reich, fundado por intermédio dela, "impõe aos Estados confederados" "os fundamentos e as motivações últimas da vida estatal alemã". A Constituição de Weimar "destruiu" a "ordem das coisas" – claramente a única justa – estabelecida pela Constituição bismarckiana (p. 125); destruiu, sobretudo, aquela "estrutura de integração que repousava sobre a inabalável solidariedade entre os vértices do Reich e os Estados individuais no cartel dos príncipes e das burocracias" (p. 125); "o sistema de integração dos Estados federais" foi conservado apenas "residualmente" e tão-só "pela natureza das coisas" e não por mérito da Constituição (pp. 125, 126).

Smend não se cansa de reprovar na Constituição de Weimar "os seus erros políticos constitucionais" e suas "fraquezas" (p. 126), e deixa a entender que as mesmas instituições das quais, em geral, não sabe dizer outra coisa e nada melhor a não ser que "integram", enquanto conteúdo da Constituição de Weimar, possuem efeito contrário. Nesse ponto, trata, em particular, o símbolo da bandeira e os direitos fundamentais. Na Constituição de Weimar eles são "mais um freio do que um impulso à unidade e à força do todo" (p. 126). Essa tendência vem à luz de forma particularmente forte na crítica ao catálogo de direitos fundamentais da Constituição de Weimar. Em primeiro lugar, Smend esforça-se em demonstrar que a teoria tradicional do direito do Estado compreende muito mal a essência de uma codificação constitucional de direitos fundamentais porque abrange apenas o aspecto não essencial, técnico-jurídico dos mesmos, enquanto o seu significado essencial repousa sobre sua capacidade de integração (p. 164). Essa elevação dos direitos fundamentais ao posto de fatores de integração é surpreendente, porque precisamente os direitos fundamentais constituem a única herança verdadeira que as Constituições modernas receberam do liberalismo. E o liberalismo é, para Smend, exatamente o anticristo de toda a integração. Menor admiração suscita, ao invés, o fato de uma teoria conservadora do direito do Estado, a qual, antes da Constituição de Weimar, rejeitava desdenhosamente tudo que se limitasse a evocar um catálogo de direitos fundamentais – a Constituição de Bismarck renunciava, por isso, a fazer qualquer concessão a esse preconceito liberal –; abrir depois da Constituição de Weimar o próprio coração para esses mesmos direitos fundamentais. Certamente não por amor a esta Constituição weimariana, mas, acima de tudo, porque a Constituição com a codificação dos direitos fundamentais, em particular com a garantia da liberdade de manifestação do pensamento, da liberdade da ciência e do seu ensino, assegurava juridicamente a luta contra si mesma. Daí a posição ambígua, o ódio–amor de Smend por essa segunda parte da Constituição de Weimar. Depois de ter demonstrado o quanto a codificação de direitos fundamentais é útil ao valor de integração, ele chega finalmente ao seguinte resultado: "que no catálogo dos direitos fundamentais weimarianos estão contidos diversos erros e que muitos deles, a começar do artigo sobre a bandeira, exerceram um efeito de legitimação coroado de sucesso, mas com conseqüências de ação mais desintegradas do que de conformidade ao sentido" (p. 167). Não vale a pena gastar nem uma só palavra para responder à questão sobre se Bismarck ou Weimar "integraram" melhor nem se se trata de juízos de valor particulares, subjetivamente arbitrários, totalmente incontroláveis do ponto de vista objetivo, determinados por concepções de fundo político-partidárias. Na terminologia e com a força probatória da teoria da integração pode-se também sustentar exatamente o contrário daquilo que Smend sustenta. Tenha-se presente o conjunto dessa argumentação: a Constituição bismarckiana, que não contém nenhum direito fundamental "integrante nem tampouco nenhum caráter integrante", mas somente um caráter técnico, é uma Constituição integrante em máximo grau, enquanto a de Weimar, que contém os direitos fundamentais integrantes e, quanto ao resto, trabalha o mais intensamente possível com os conteúdos materiais integrantes, ignorou, de todo, a tarefa de integração quando atuou de forma desintegrante. Se ainda se pudesse ter qualquer dúvida sobre onde se pretende chegar com toda essa teoria da integração, a sua aplicação ao direito do Estado positivo alemão a dissiparia completamente: de um ponto de vista incontestável – enquanto "científico-sociológico" –, a Constituição do Reich imperial pode ser qualificada como boa e a da República alemã, como ruim. Com o que se confirma aquilo que aqui foi formulado desde o início contra a teoria da integração: o objetivo dessa teoria não é o conhecimento da essência mas, ao invés, o juízo de valor que sustenta ser a tarefa da Constituição integrar o Estado. Já que o Estado não pode ser outra coisa que integrado – o ser do Estado consiste exatamente em sua integração –, a realidade do Estado resolve-se na oposição a uma Constituição que não cumpre, ou cumpre mal, a própria "tarefa". A Constituição "técnica" bismarckiana não se propõe, de fato, a tarefa da integração, mas se sai bem: o Reich resulta gloriosamente integrado, por assim dizer, além e apesar dessa Constituição. A Constituição de Weimar propõe-se muito claramente como tarefa a integração mas, infelizmente, não a cumpre. Mas uma vez que essa tarefa deve ser cumprida – o Estado deve viver! –, isso só pode ser feito claramente contra tal Constituição. Assim devem ser entendidas as argumentações substanciais, mantidas na habitual obscuridade smendiana, sobre a interpretação da constituição, cuja análise é necessária para que se possa avaliar o seu alcance global.

"Naturalmente o Estado não vive apenas", diz-se aqui (p. 78), "dos momentos vitais regulados na sua Constituição" – o que quer dizer: não apenas através da Constituição, já que se pode renunciar ao pleonasmo de um "viver de momentos vitais". A "plenitude de vida" do Estado "não é inteiramente concebível e regulável por uns poucos – além do mais esquemáticos e fundados sempre sobre novas recepções de terceira ou quarta mãos –, artigos constitucionais, mas pode ser somente aludida e estimulada no que diz respeito à sua força de integração" (p. 78). É compreensível que um teórico da Constituição como Smend possa apenas "aludir" à plenitude vital do Estado. Mas que a tarefa da Constituição seja "aludir"? A Constituição não é, de fato, uma representação científica! Também ficou claro até aqui que a vida do Estado é o efeito de uma integração que procede particularmente da Constituição. Ora, o efeito da integração deve ser a vida do Estado e esta deve ser somente "estimulada"pela Constituição a agir de forma integrante. A que se deve tal imprevista e evidente atenuação do significado de integração da Constituição? Por que tratá-la de forma tão depreciativa? Constituição: um punhado de parágrafos esquemáticos continuamente copiados. A mesma Constituição deveria ser entendida somente como o proclamado princípio de sentido da integração? Torna-se, de fato, importante obter, em seguida, uma "integração" do Estado independente da Constituição e, eventualmente, voltada contra ela. "Se e como deles" (dos artigos da Constituição) "resulta o êxito da tarefa de uma integração satisfatória" – observe-se: integração, não essência da Constituição, e, portanto, não função regular de toda Constituição, que não é Constituição a não ser que integre, mas sim uma "tarefa" que é "satisfatoriamente cumprida"por uma Constituição, não satisfatoriamente cumprida por uma outra e não cumprida de maneira nenhuma por uma terceira – "depende, sobretudo, do efeito da totalidade das forças políticas vitais de todo o povo"(p. 78). Que a Constituição tenha uma ação integrante satisfatória depende do fato de "as forças políticas vitais de todo o povo"causarem um determinado "efeito"? Qual efeito? Evidentemente um efeito de integração. O fato de a Constituição integrar satisfatoriamente deveria depender, em suma, do fato de as forças políticas de todo o povo produzirem um efeito de integração. Mas "todo o povo"não deveria ser, antes de mais nada, o efeito de uma integração que procede, essencialmente, da Constituição? Em suma, tal "teoria", passando habilmente por cima dessa contradição, pretende partir da Constituição rumo a uma outra fonte de integração, diversa e independente dela. Pretende, sobretudo, integrar o Estado não necessariamente através de sua Constituição – esse punhado de artigos esquemáticos – em circunstâncias particulares, também uma "vida estatal"não conforme a Constituição pode evidenciar-se como integração "satisfatória"; uma empresa arriscada para uma teoria que colocou no ponto mais alto a frase programática pela qual "o princípio de sentido da integração aqui explicitado não é o do Estado em geral, mas sim da sua Constituição" (p. VIII). "O fluxo de vida política pode chegar a esse êxito predeterminado por caminhos diversos e não propriamente constitucionais."É, portanto, o "fluxo de vida política" e não a Constituição que atinge o "êxito predeterminado", isto é, a integração satisfatória: aquela mesma que a integração realiza como sua tarefa. Que os caminhos desse fluxo de vida não são "propriamente constitucionais"– pode-se discutir sobre o grau admissível de desvio – compreende-se por si só. Porque, se os caminhos fossem constitucionais, a integração poderia ser vista como efeito da Constituição, não sendo necessário colocar, sob o princípio de sentido da integração, o "fluxo de vida"no lugar da Constituição. E depois que a vida estatal não constitucional também é garantida como um efeito da integração – quando não se considera como integração "satisfatória"justamente a vida estatal não constitucional – por que não se deveria com um salto audaz retornar à posição de partida já completamente abandonada, aquela segundo a qual a integração constitui somente o princípio de sentido da Constituição! "Nesse caso" – quando a integração satisfatória é alcançada pelo fluxo de vida política por vias não constitucionais – "o cumprimento da modesta tarefa da integração"– uma tarefa modesta! — "pela normatividade axiológica do espírito" – que não tem nada a ver com isso! –, "como pelos artigos da Constituição"– os quais, enquanto parágrafos esquemáticos e copiados não podem capturar a totalidade da vida estatal – "corresponderá, não obstante, esses desvios singulares" – por que o potente fluxo de vida deveria alguma vez limitar-se apenas a desvios singulares? – "mais ao sentido da Constituição do que uma vida constitucional, talvez até mais fiel aos artigos, mas carente quanto ao resultado". Como Smend não diz "interpretação constitucional"mas "vida constitucional", locução pela qual não se pode compreender nada além de um fluxo de vida político, poder-se-ia objetar que a teoria smendiana da integração pretende que uma "vida" política "real" e, por isso, "integrada", quando é constitucional do ponto de vista de uma teoria sociológica, seja nem mais nem menos satisfatória – ou mesmo deficiente – que uma vida inconstitucional. Mas essas objeções poderiam estar totalmente fora de lugar, já que o que importa para essa teoria é, exatamente, justificar, sob determinadas circunstâncias, os eventos inconstitucionais. Surpreende apenas que ela se aventure a fornecer a justificação com a ajuda daquela Constituição de cuja violação se trata. "É, portanto, o sentido mesmo da Constituição, sua intenção dirigida não ao particular mas à totalidade do Estado e à totalidade do seu processo de integração, que não só permite, mas até mesmo impõe, aquela interpretação elástica, integrante da Constituição que se afasta grandemente de todas as outras interpretações do direito" (pp. 78-9). Não se pode deixar enganar pelo fato de o discurso versar somente sobre "as vias não propriamente constitucionais" e os "desvios singulares". Para sua compreensão basta a interpretação jurídica comum, que, com o seu aparato de métodos interpretativos, restritivos e extensivos, históricos e lógicos, embasados no teor literal, no significado ou na intenção, é, por si só, suficientemente "elástica" e "integrante" para poder subsumir e qualificar sob uma mesma norma, na medida do possível, uma maioria de fatos distintos. Tudo depende de uma "interpretação constitucional" amplamente divergente dessa "interpretação jurídica". O que essa "interpretação" pretende torna-se bastante claro na contraposição entre "Constituição" e "direito", que está na base dessa distinção entre interpretação constitucional e interpretação jurídica. E agora é possível compreender totalmente, pela primeira vez, por que a teoria da integração não pode usar a Constituição como fundamento do direito, já que ela pode entrever na concepção que reconhece na Constituição o fundamento de validade do ordenamento jurídico uma afronta à idéia de direito. Portanto, a ruptura da Constituição, que essa teoria da integração pretende legitimar, pode ser desqualificada, não como ruptura jurídica, mas apenas como integração "satisfatória", oposta a um posicionamento fiel à Constituição, mas "deficiente", uma vez que Constituição e direito são coisas distintas que não têm nada a ver uma com a outra. Certo: se a integração não é nada mais que o princípio de sentido da Constituição e se justamente a integração inconstitucional, que não parte da Constituição, deve ser a integração "satisfatória", então o "sentido" da Constituição deve ser entendido dessa maneira: que a própria Constituição exige absolutamente a interpretação dos fatos inconstitucionais como constitucionais.

Essa é a técnica interpretativa da teoria da integração válida para a Constituição de Weimar; e é à luta contra a Constituição da República alemã que essa teoria – intencionalmente ou não –, com a sua "realidade" do Estado, serve afinal.